LE TAOÏSME

UN PRINCIPE D'HARMONIE

Bernard Baudouin

LE TAOÏSME

UN PRINCIPE D'HARMONIE

ÉDITIONS DE VECCHI S.A.
20, rue de la Trémoille
75008 PARIS

Malgré l'attention portée à la rédaction de cet ouvrage, l'auteur ou son éditeur ne peuvent assumer une quelconque responsabilité du fait des informations proposées (formules, recettes, techniques, etc.) dans le texte. Il est conseillé, selon les problèmes spécifiques – et souvent uniques – de chaque lecteur, de prendre l'avis de personnes qualifiées pour obtenir les renseignements les plus complets, les plus précis et les plus actuels possible.

Du même auteur
Le Pouvoir des formes qui nous entourent, Éditions Sand & Tchou, coll. « La nuit des mondes », 1988.
Comment pratiquer la radiesthésie, Éditions Retz, coll. « Mieux-être », 1989.
Cours d'écriture automatique, Éditions De Vecchi, 1994.
La Magie des superstitions, Éditions De Vecchi, 1995.
Dictionnaire de la Franc-Maçonnerie, Éditions De Vecchi, 1995.
Les Phénomènes de perception, Éditions De Vecchi, 1996.

Éditions De Vecchi, Collection
« Spiritualités du monde, religions, mystères et traditions » :
Le Bouddhisme, une école de sagesse, 1995.
Le Zen, de la forme d'esprit à la manière de vivre, 1995.
Le Confucianisme, une conception morale de la vie, 1995.
La Franc-Maçonnerie, un chemin initiatique humaniste, 1995.
Le Tantrisme, une voie de libération immédiate, 1996.
L'Hindouisme, une renaissance spirituelle, 1996.
Le Soufisme, l'exigence de la perfection, 1996.
Le Protestantisme, une profession de foi, 1997.
Le Védisme, l'éveil de la spiritualité indienne (à paraître).

En couverture : signe du yin et du yang révélé sous le règne de Fou Hi, trois mille ans avant J.-C.

Note aux lecteurs
Certains termes utilisés dans cet ouvrage étant empruntés aux langues anciennes, l'orthographe n'en est pas fixée et peut varier d'une transcription à l'autre. Dans les citations, l'orthographe adoptée par chaque auteur a été respectée.

Imprimé en Italie

Avant-propos

Depuis l'aube des temps, la foi est ancrée dans l'homme, au même titre que respirer, boire ou manger. Une foi aux mille visages, répondant à mille usages, du plus infime au plus extrême.

Sur tous les continents, à toutes les époques, la croyance est venue nourrir les tentatives communautaires, solidifier les contacts, jeter les bases d'un avenir meilleur et plus sûr. Partout, la foi a rapproché les hommes et fait progresser l'humain.

Elle a surtout mis en lumière cette quête mystique que tout être porte en lui, cette soif insatiable d'une dimension perdue, cette attente lancinante d'un retour à l'essentiel, ce besoin fondamental de réponses bien plus que matérielles pour assumer au mieux les rigueurs de l'existence.

Il était inévitable que cette foi trouvât son expression idéale dans une spiritualité « éclatée », offrant autant de nuances qu'il existe d'ethnies, de pays, de langues ; en une étonnante palette d'une richesse incommensurable, mêlant rituels et secrets, dogmes et interdits, prières psalmodiées et silences méditatifs. Avec toujours, en tous temps et lieux, cette identique ferveur qui ramène l'homme à sa dimension sacrée.

La collection « Spiritualités du monde : religions, mystères et traditions » est un voyage dans cet univers de la foi. Tel un reportage aux multiples facettes, gommant frontières et barrières, dans cet ailleurs intemporel où, en dépit des impératifs matériels, économiques et politiques, à toutes les époques l'homme a su se « reconnecter » à l'essentiel par la seule force de sa foi.

Chaque ouvrage de la collection se veut une aventure, une recherche de lumière, un coup de projecteur sur une époque, une certaine approche de la spiritualité et de ses enracinements dans le concret le plus immédiat. En un mot, l'histoire d'un courant majeur de cette foi qui habite l'homme depuis toujours.

Quelle que soit l'époque à laquelle on s'intéresse, quels que puissent être les faits sur lesquels notre regard se focalise, qu'il s'agisse d'une frange d'histoire, d'un courant de pensée ou d'un simple fait, rien n'est isolé.

Tenter de comprendre, c'est forcément replacer ce qui nous intéresse dans une mosaïque de circonstances et d'événements, dans un contexte général qui, s'il n'explique pas tout, du moins cerne avec une authentique acuité ce que nous souhaitons mettre en lumière.

Nul ne peut percevoir l'importance d'une croyance, d'une religion, d'une philosophie ou d'une doctrine sans la replacer dans la vie d'un peuple, sans la parer du souffle du quotidien qui lui donne sa véritable épaisseur. Le moindre détail n'a de valeur que replongé dans son propre univers.

C'est pourquoi nous nous attacherons à rester au plus près des mœurs de l'époque présentée dans chaque ouvrage, simplement respectueux d'un cadre historique hors duquel toute présentation cohérente serait illusoire.

Introduction

Il y avait déjà bien longtemps que je voyageais, lorsqu'un jour l'envie me prit de faire une halte. Nous étions encore dans des temps obscurs et lointains. Les nations de toutes les contrées forgeaient peu à peu leur devenir, plus souvent par la force que par la raison.

J'avais quitté mon Maître depuis quelques années et me nourrissais avidement de tout ce que je rencontrais. J'avais beaucoup appris du savoir de cet être remarquable, mais ce que je découvrais à présent, chaque jour, m'émerveillait. Bien au-delà des mots et des grandes idées philosophiques, du savoir conservé des Anciens, la vie était réellement un livre ouvert, dont chaque page ensemençait mon âme. C'est ce qu'avait pensé mon maître en disant que j'étais prêt et qu'il me fallait désormais parcourir le monde. Comme toujours, il avait su quand le moment était venu.

À présent, beaucoup de temps a passé. Mes voyages m'ont conduit partout où les hommes ont tenté tant bien que mal de faire de leur monde un univers de paix et de prospérité. Maintes fois, j'ai traversé le temps comme les océans, gravi les montagnes, écouté les fureurs des éléments, découvert peuples et civilisations, ferveurs et renonciations, mais toujours une seule et même idée m'a guidé, telle une phrase de mon Maître obsédant ma mémoire : « Qu'il soit vainqueur ou perdant, chercheur ou errant, dévastateur ou pénitent, sage ou renégat, l'homme est un être de lumière, car il porte en lui la marque des dieux. C'est pourquoi il ne cesse de croire et d'espérer. Où que tu ailles, quoi que tu fasses, écoute-le, regarde-le, prête-lui ta chaleur et ton conseil, tu n'en seras que plus grand. »

Aujourd'hui, c'est à mon tour de vous guider. Mettez vos pas dans les miens, posez votre main sur mon bras. Écoutez et regardez. Le temps se dilue, seul compte l'essentiel…

Première partie
DÉFINITION

Qui connaît le constant embrasse.
Qui embrasse peut être universel.
Qui est universel peut être royal.
Qui est royal peut être céleste.
Qui est céleste peut faire un avec le Tao.
Qui fait un avec le Tao peut vivre longtemps.
Celui-là demeure inépuisé jusqu'à
la fin de sa vie.

TAO-TÖ-KING, XVI.

1.

Le contexte historique

Au terme d'un voyage dans le temps, il est un moment des plus intenses, que l'on vit généralement avec une fiévreuse exaltation : c'est celui où l'on rouvre les yeux, où l'on contemple le décor dans lequel on vient d'arriver. Pour aller au bout de cette aventure et en goûter toutes les découvertes, il suffit alors de s'abandonner aux sons et aux sensations, aux images et aux rencontres qu'elle suscite avec une étonnante acuité.

L'univers dans lequel nous pénétrons aujourd'hui est chargé du poids des millénaires. C'est celui d'une civilisation plus que d'un simple pays. Depuis des siècles et des siècles, l'immense territoire que plus tard des étrangers appelleront la Chine n'est encore qu'un amalgame de peuples fiers et batailleurs, d'ethnies et de cultures aux racines se perdant dans la nuit des temps, qui se côtoient tant bien que mal.

Bienvenue dans le royaume du Milieu, que l'on considère depuis longtemps déjà comme le centre du monde. Une immensité sans fin, couverte de prairies, de fleuves et de rivières habitués à quitter leur lit pour nourrir la terre, de forêts impénétrables, de montagnes se dressant telles des barrières infranchissables. Si bien que personne, en ce IVe siècle avant J.-C., n'a réellement connaissance – ni même conscience – de l'ensemble des autres peuples qui vivent sur cette terre sans limites.

La Chine d'alors, c'est aussi la pluie ravageuse qui prend naissance plus au sud dans la mer du même nom ; c'est le vent pénétrant, soufflant de la Mongolie voisine depuis toujours et charriant une lourde poussière jaune. Jaune comme l'imposant fleuve coulant au nord, dispensant la vie sur ses rives, outil essentiel de la communication et porteur de tous les commerces existant.

Depuis l'âge de pierre la civilisation chinoise n'a cessé de grandir, de s'affirmer, de s'étoffer. Alors que le Nord et le Sud sont encore embourbés dans une barbarie d'un autre âge, le royaume du Milieu pratique le commerce du jade et du bronze florissant depuis déjà près de mille ans. Les dynasties s'y sont succédé au fil du temps ; après celle des Chang[1], riche et grandiose, cérémonielle et religieuse, sont arrivés les Tcheou[2], des guerriers venus de l'Ouest, instaurant peu à peu un régime de féodalité aux ramifications multiples.

Le royaume est constitué d'une multitude de principautés, dont certaines sont aussi éphémères que les saisons. La ville sainte de Lo-yang abrite le palais d'un roi qui n'a d'imposant que le titre. De toutes parts les rivalités minent l'État, si bien qu'au gré des heurts fréquents et des batailles, des sourdes luttes d'influence, les princes locaux ont ravi au souverain une grande partie de son pouvoir qui ne trouve plus à s'exprimer que dans les fastes d'une cour dépourvue d'une réelle autorité politique.

Alors que les hommes se déchirent, la civilisation trace irrémédiablement son sillon. Bientôt, le fer remplace le bronze, la traction animale celle de l'homme. Mais les institutions, les liens féodaux sont gangrenés par un autre mal, comme déjà rejetés dans le passé. De toutes parts, une sourde inquiétude se fait jour. Aux sempiternels conflits politiques viennent se greffer un à un tous les composants d'une véritable crise morale généralisée. Face aux excès des nobles, à l'orgueil démesuré des nouveaux propriétaires terriens, le temps est à la remise en question, aux interrogations, à la rupture avec ce qui jusqu'alors était considéré comme immuable.

C'est dans ces instants de doute, cette fermentation des esprits, auxquels se mêlent inévitablement de fortes pulsions

1. Dynastie des Chang : ?-XIe siècle avant J.-C.

2. Dynastie des Tcheou : XIe siècle-249 avant J.-C.

d'espérance et d'impatience, de tentatives pour comprendre le sens de la vie, que vont prendre corps quelques-uns des courants de pensée les plus riches et les plus enfiévrés de l'histoire de l'humanité. En réaction aux rejets les plus divers, aux errements des violences physiques, surgissent alors quelques-uns des systèmes philosophiques les plus novateurs de tous les temps. Aux révolutions guerrières succède la révolution des idées.

C'est le temps où apparaissent les maîtres à penser itinérants, qui vont de ville en village, qui parlent à longueur de temps, échafaudent des hypothèses, mettent au point des systèmes d'interprétation de la nature et voient des disciples les écouter, s'attacher à leurs pas, adopter leurs idées puis accepter leur enseignement. K'ong K'ieou[3] que les Occidentaux appelleront plus tard Confucius est l'un de ceux dont les paroles franchissent le temps et les espaces, portent les prémices d'une autre conception de la vie, d'un mode de vie et de pensée autrement plus pénétrants que ceux en vigueur auparavant.

Le temps poursuit son cours. Les années passent, les idées trouvent leur place dans les esprits, les regards s'éclairent d'une lueur nouvelle. À mesure que la Chine grandit, étend son empire vers le Sud, souvent par la destruction et l'assimilation plus que par le dialogue, les idées gagnent elles aussi du terrain, se répandent, s'insinuent, se faufilent entre les règles et les lois, les impératifs guerriers ou économiques. Par-delà les intégrations de l'histoire, les fusions des ethnies, les rencontres houleuses puis assimilatrices des peuples, un phénomène demeure qui, en dépit des événements, garde toute sa force et sa sourde intelligence : c'est la progression, lente et incontournable, des idées, des assauts de la pensée, des accents légitimes d'une soif de comprendre, d'expliquer, de savoir.

Lorsque la dynastie des Tcheou s'impose, le pouvoir impérial est total, mais son assise morale et intellectuelle, sa justification éthique et théorique vacillent quelque peu. La légitimité est

3. Également appelé K'ong-tseu. Cf. Bernard Baudouin, *Le Confucianisme, une conception morale de la vie*, Éditions De Vecchi, 1995.

encore loin d'être celle des idées ; c'est toujours celle des armes, quand bien même certains signes annonciateurs laissent entrevoir des jours meilleurs. C'est alors qu'est entreprise une révision des écrits traditionnels et anciens qui constituent alors les fondements de la pensée chinoise. Ce qu'il ne peut asseoir par une autorité morale naturelle, le pouvoir des Han va se l'octroyer en récupérant ce qu'il juge le plus adapté à ses desseins politiques.

C'est ainsi que la doctrine de K'ong K'ieou (Confucius) devient la référence en matière de pensée, en d'autres termes le dogme officiellement accepté. On la désigne clairement comme la base de l'idéologie chinoise pour ce qui concerne aussi bien les mœurs que la morale ou la politique.

Par voie de conséquence, les écrits et théories d'autres sages itinérants se voient ouvertement condamnés et censurés. Du moins en apparence, car un édit officiel, fut-il impérial, n'a jamais empêché les idées de continuer à courir dans les esprits ni les hommes de transmettre par la parole ce que certains croyaient détruire en brûlant des écrits.

Sous l'impulsion royale, la tradition et la mythologie chinoises sont réécrites selon les principes de la nouvelle ligne de pensée qui, certes, sous bien des aspects, est fort intéressante, mais ne saurait pour autant être érigée arbitrairement en dogme infaillible et indiscutable.

C'est alors que vont peu à peu apparaître des remises en question de cet ordre établi du « bien pensant », qui en seulement quelques années a porté les œuvres confucéennes au rang de classiques reconnus de tous.

L'émergence d'une pensée rénovatrice

Depuis déjà bien longtemps, un autre courant de pensée couve dans les profondeurs de la Chine. Il s'est nourri au fil du temps des anciennes traditions animistes, des nuances fluctuantes des rites paysans, des croyances aux frontières de la logique paysanne et d'un surnaturel mythologique.

Il ne faut pas oublier que la Chine d'alors est une immensité dont personne n'a véritablement conscience, au sein de laquelle mille influences de tous ordres circulent sous les apparences. Les croyances des hommes sont à l'image de cet univers sans limites, ballottées au gré des heurts de l'histoire, des colères physiques de la Terre, des contraintes étatiques imposant leurs humeurs.

C'est dans ce contexte, dans ce magma d'idées et de superstitions, fait d'une réalité à laquelle se mêlent les certitudes les plus ambiguës, la vérité historique et les récits les plus évocateurs, qu'apparaît Lao zi[4], surnommé le « Vieux Maître ». Du moins l'image que l'on en a, ou l'idée que l'on s'en fait, car ce n'est pas le moindre paradoxe que de constater qu'à peine entré dans notre conscience, dans notre champ de vision... il en est déjà sorti !

Pour qui n'en a jamais entendu parler, ne l'a pas approché, Lao zi impose d'emblée sa présence. Tous ceux qui le citent en font une référence, et c'est bien là que tout se complique. Mais revenons un instant à son entrée dans la mémoire de la Chine ancienne.

Lao zi serait né au VIe siècle avant J.-C. – ce qui en ferait un contemporain de Confucius – dans le pays de Tch'ou, le district de Lai et le village appelé Hou-hien[5]. Il appartient à la classe sociale des *shi*, cette petite noblesse de fonctionnaires et d'administrateurs qui va produire nombre de conseillers des princes.

On le dit archiviste-astronome à la cour royale des Tcheou, ce qui revient à dire qu'il occupe un poste de prestige, disposant d'une large influence, tant politique que religieuse, à même de peser sur les choix idéologiques de son époque.

4. Lao zi : plus généralement appelé Lao-tseu en Occident.

5. Actuellement, dans la province du Ho-nan.

C'est alors qu'il aurait rencontré Confucius[6], en une entrevue restée célèbre et maintes fois relatée[7].

Mais les détours de l'histoire obligent parfois à des choix drastiques. Ne pouvant plus supporter la décadence grandissante des Tcheou et refusant de la cautionner plus longtemps par sa présence en tant que conseiller de la cour, Lao zi renonce à vivre au sein de la société qu'il quitte pour partir vers l'ouest, en direction du pays de Ts'in

C'est lors de ce voyage, franchissant le col de Hsien-ku, qu'il se retrouve face au gardien de la passe qu'il emprunte, un dénommé Yin Hi. L'inconnu lui révèle avoir reçu de façon surnaturelle l'annonce de la venue d'un sage et lui demande son enseignement. Accédant à sa requête, Lao zi interrompt son périple et écrit un livre contenant cinq mille mots, qui sera immortalisé sous le titre *Daode Jing* (*Tao-tö-king*) – le *Livre de la Voie et de la Vertu*. Après quoi il reprend sa route vers l'Occident et disparaît à tout jamais.

Un être s'estompe dans le temps. Une philosophie vient de naître.

6. Cf. Bernard Baudouin, *Le Confucianisme, une conception morale de la vie*.

7. C'est lors d'un voyage à la cour des Tcheou, pour y approfondir ses connaissances sur les rites, les institutions, coutumes et traditions de ce royaume, que Confucius souhaita rencontrer Lao zi. Les historiens ont gardé la mémoire de ce que répondit le vieux sage à son visiteur : *Ceux dont tu parles, même leurs ossements sont tombés en poussière, il ne reste d'eux que leurs propos. De plus, lorsque l'honnête homme vit à une époque favorable, il se hâte vers la cour en char ; quand il vit à une époque défavorable, il erre à l'aventure. J'ai entendu dire que le bon marchand cache ses richesses et semble démuni ; s'il a une plénitude de vertu intérieure, l'homme supérieur a l'apparence extérieure d'un sot. Élimine ton humeur arrogante, et tous ces désirs, cet air suffisant et ce zèle débordant ; tout cela n'est d'aucun profit pour ta personne. C'est tout ce que je puis te dire.*
Au sortir de cet entretien, Confucius ne put qu'exprimer son étonnement : *De l'oiseau, je sais qu'il peut voler ; du poisson, je sais qu'il peut nager ; des quadrupèdes, je sais qu'ils peuvent courir. Les bêtes qui courent peuvent être prises au filet ; celles qui nagent peuvent être prises à la nasse ; celles qui volent peuvent être atteintes par la flèche ; mais le dragon, je ne puis le connaître : il s'élève au ciel sur la nuée et sur le vent. J'ai vu aujourd'hui Lao zi, il est comme le dragon !*

2.

Aux sources du taoïsme

La vie est concentration de souffle ;
qu'il se concentre et c'est la vie,
qu'il se disperse et c'est la mort.

ZHUANG ZI

Venir à la rencontre d'un autre temps, de coutumes qui nous semblent lointaines, de peuples tellement différents qu'ils en paraissent quelquefois irréels, donne soudain une autre dimension à notre vécu. On est là, présent et vivant... et puis on est ailleurs, quelque part dans le temps et l'histoire, emporté par le vent des petites et des grandes causes, par les aléas des pouvoirs et des luttes de toutes sortes. La nature nous enveloppe, des décors nous envahissent les yeux, des palais fabuleux nous ouvrent leurs secrets, des impatiences lointaines chassent les images les unes après les autres.

Cette magie de la découverte, du passé retrouvé, de l'éloignement soudain gommé comme par enchantement, des couleurs et des senteurs ravivées, des êtres enfin, qui reviennent à la vie et pénètrent dans la conscience... c'est le privilège du voyage, de ce bond dans le temps que nous faisons aujourd'hui. Comme si rien ne nous séparait vraiment de cet autre monde que le simple oubli, tel un trou de mémoire anodin chavirant soudain de jeunes souvenirs. À la frontière entre réel et irréel...

Homme ou légende ?

La question est posée, et c'est bien ce dont il s'agit dès lors que l'on prononce le nom de Lao zi. Car les quelques informations relatives à son existence, évoquées précédemment, ne reposent sur rien de concret. En effet, l'un des rares points sur lesquels convergent les avis de tous les historiens réside dans l'acceptation du peu de crédibilité des écrits – postérieurs à cette époque – attestant l'existence réelle de Lao zi.

Pour être clair, il est possible que celui que l'on considère depuis des siècles comme l'un des plus grands philosophes de toute l'humanité n'ait jamais existé, n'ait été qu'un mythe forgé au fil du temps dans les obscures et fascinantes profondeurs de la Chine ancienne.

Lorsqu'une centaine d'années avant J.-C. l'historien Sseuma Ts'ien écrit la première histoire de la Chine, intitulée *Che-ki* (*Mémoires historiques*), il présente certes une biographie de Lao zi, mais en toute objectivité il est également le premier à afficher une grande prudence quant à la véracité des éléments qu'il a recueillis dans quelques écrits épars et surtout dans la tradition orale de son temps.

De fait, tous ceux qui s'atteleront ultérieurement à ce problème auront beaucoup de mal à vérifier les détails de ce que certains s'autorisent à considérer davantage comme une légende que comme le portrait d'un homme réputé pour sa grande sagesse. Les faits historiques authentifiables interdisent en effet de raccorder dans le même espace-temps l'éventuelle présence de Lao zi à l'époque de Confucius (VIe siècle avant J.-C.) et l'écriture finale du *Tao-tö-king* qu'une datation précise place au IIIe siècle avant J.-C.

Qu'il s'agisse de sa filiation, de son véritable nom de famille (qui pourrait être Li Eul ou Li Tan), de la date de sa mort ou du possible emplacement de sa tombe, les sources sont aussi nombreuses que contradictoires, n'apportant souvent aucun argument probant susceptible de mettre un terme à toutes les interrogations qui restent posées.

En d'autres termes, celui que l'on va auréoler du titre de père d'une philosophie à part entière, d'annonciateur d'une nouvelle sagesse, que l'on va diviniser jusqu'à lui consacrer un culte dès le IIe siècle de notre ère, que l'on considérera comme l'une des figures majeures du taoïsme... entre dans l'histoire sous le triple signe de l'humain, de la légende et du mythe.

Une richesse bien plus qu'humaine

Paradoxalement, toute la richesse du personnage va justement résider dans cette ambiguïté, qui en fera à la fois le père du taoïsme et un sage anonyme, une divinité et un saint homme, un individu de chair et l'expression subtile de la sagesse désincarnée sans qu'il soit jamais donné à un chercheur de parvenir à une définition globale et satisfaisante.

Or c'est peut-être justement dans ces incertitudes que résident la grandeur du taoïsme naissant, la force de ce qu'il véhicule et l'incomparable profondeur de l'enseignement qu'il va transmettre aux générations futures. Car c'est véritablement un phénomène dont il est question, une vague de fond de la pensée chinoise qui, par la lumineuse puissance de son universalité, va bientôt déferler sur toutes les régions du pays.

Ce qui se profile, dès le VIe siècle avant J.-C. puis dans ceux qui vont suivre, est à l'évidence bien plus qu'humain : il s'agit d'une remise en cause totale des rapports entre l'homme et l'univers. C'est dire l'envergure de ce qui émerge soudain, à savoir bien plus qu'un de ces nombreux courants de pensée naissant çà et là dans les replis géographiques et les tourments historiques de la Chine ancienne.

Cette fois, avec l'apparition – fût-ce en réalité autre chose qu'une simple apparition ? – de Lao zi, ce n'est rien moins qu'une « régénération de l'esprit » qui s'amorce et annonce aux hommes le temps venu pour une autre vie.

Peu importe, en fin de compte, que le « Vieux Maître » ait existé ou non ; l'essentiel n'est-il pas que les hommes trouvent enfin des réponses à leurs questions, une orientation à leur quête, une profondeur à leur existence ? C'est tout cela que le taoïsme, au fil du temps, se propose de leur apporter.

De fait, très vite le personnage Lao zi sera assimilé au « Tao » et à tout ce qu'il représente, accréditant encore un peu plus la thèse en faisant une entité immatérielle, comme pour aller jusqu'au bout de cette fusion totale entre l'homme physiquement mortel – ne laissant derrière lui qu'une image et un souvenir limités dans le temps – et les idées qu'il sème dans son sillage, certes impalpables, mais dotées d'une « capacité à durer », fabuleuse et intemporelle, aux accents d'immortalité.

Le *Tao-tö-king*, source première

Le retour aux sources du taoïsme n'a de raison d'être, de sens véritable, que s'il nous conduit d'abord à la première d'entre elles, à cette somme d'environ cinq mille mots, attribuée à Lao zi, qui constitue la formulation initiale et concrète de l'enseignement du Tao.

C'est là, dans ces quelques phrases au style laconique, au dépouillement impressionnant de gravité, à l'épuration atteignant des sommets de profondeur, au sens aiguisé jusque dans le moindre mot et la plus infime nuance, que se tient le joyau d'une nouvelle conception de l'être et de la vie, des rapports subtils entre tout ce qui existe ; là qu'apparaissent en de fines esquisses les lois de l'univers sous un jour nouveau, que se dessinent les contours d'un monde fait de simplicité, de respect de la nature et des autres, de la plus élémentaire intelligence ; là que le « vide » n'est plus synonyme de manque, mais acquiert soudain une dimension, une puissance de révélation jusque-là insoupçonnées.

Pour approcher le sens profond du taoïsme, pour espérer saisir sa dimension universelle et l'impact qu'il peut avoir sur notre existence, il faut avancer pas à pas, s'abandonner et se laisser guider, se couler dans les rythmes et les préoccupations d'un autre temps, plonger dans la pensée chinoise d'un passé lointain, remonter vingt-cinq siècles en un instant pour saisir l'ambiance qui entoura sa naissance.

Le taoïsme se révèle à qui l'approche, mais, avant cela, celui qui cherche doit d'abord comprendre ce qu'est le « Tao ». Et pour cela il n'est pas de meilleure solution que de suivre le chemin tracé par Lao zi, entre les lignes du *Tao-tö-king*.

Un livre d'une simplicité exemplaire

À l'image des interrogations qui planent sur l'existence de Lao zi, celles qui entourent le texte du *Tao-tö-king* ont alimenté de tout temps les réflexions des spécialistes. Alors que les Anciens prétendaient qu'il aurait été écrit du temps de Confucius (VIe siècle avant J.-C.), de récentes analyses démontrent qu'il a plutôt été rédigé à la charnière entre le IVe et le IIIe siècle avant J.-C.

Le fait de savoir s'il a été composé par un seul ou plusieurs auteurs n'a jamais été réellement élucidé ; en effet, le style n'est pas homogène tout au long de l'ouvrage, ce qui accréditerait la thèse de plusieurs sources. En tout état de cause, cela ne présente pas un intérêt fondamental, tant il est vrai que le contenu est autrement plus intéressant que ce qui se résume, en définitive, à des points de détail. Sans compter qu'en dernier ressort, sans doute vers la moitié du IIIe siècle avant J.-C., il est probable qu'un dernier rédacteur aura harmonisé le tout pour lui donner la forme que nous connaissons aujourd'hui.

Si l'on s'en tient donc à ce qu'il renferme, le texte est un recueil d'aphorismes[1], divisé en deux parties, la première étant consacrée au *Tao* (la Voie), la seconde au *Tö* (la Vertu)[2]. Il compte en moyenne cinq mille mots[3], répartis en quatre-vingt-un chapitres dont la plupart sont très courts.

1. Aphorisme : formule résumant un point de morale.

2. En fait, de récentes découvertes ont démontré que l'ordre de ces parties pourrait avoir été inverse à l'origine.

3. Ce nombre peut varier sensiblement selon les versions.

Le titre de l'ouvrage –*Tao-tö-king* – ne lui aurait été attribué que bien après sa rédaction, sous la dynastie des Han[4]. Jusqu'à cette époque, il portait le nom de celui auquel on attribuait sa paternité, à savoir Lao zi. Ce nom désignait donc à la fois un individu et son œuvre, ce qui était fort courant à cette époque.

Tao-tö-king signifie littéralement « Livre sacré du Tao et du Tö ». Le terme *king* était généralement attribué aux ouvrages porteurs d'un enseignement fondamental, équivalent aux textes sacrés émanant de saints ou de divinités. Dans le cas présent, il situe donc la très haute importance accordée dès l'origine à ce texte.

Par leur fondement essentiellement philosophique, leur enseignement volontairement épuré et d'un accès très aisé, les divers textes présents dans le *Tao-tö-king* sont autant de sentences proches d'une sagesse populaire accessible à tous. On comprend aisément que depuis plus de vingt siècles ils aient été véhiculés en permanence dans toutes les écoles de pensée chinoises. De fait, les quelques vers, avec ou sans rimes, du texte original donnèrent naissance au fil du temps à un grand nombre d'adaptations respectant plus ou moins le contexte initial ; cela explique que l'on se trouve aujourd'hui face à une multitude de versions, dont très peu respectent avec exactitude la teneur du premier texte.

La notion de *Tao*

En chinois ancien, le terme *tao* désigne à cette époque la « voie », la « méthode », par extension la « règle de vie », ou encore le « procédé ». Dans le *Tao-tö-king*, pour la première fois *tao* devient synonyme de « vérité ultime ». Il acquiert dès lors une dimension particulière qui en fait la référence parmi

4. Dynastie des Han : 260 avant J.-C. - 220 après J.-C.

les références, lui confère une dimension totalement hors du commun : *Une Vérité ultime, une, transcendante : invisible, inaudible, imperceptible (Lao zi, 14), non praticable et non nommable (Lao zi, 1), chemin sans chemin qu'il faut cheminer pour connaître ; situé au-delà de tout rapport de différenciation, de tout jugement et de tout antagonisme, il est neutre : en tant que tel, sa vérité ne peut être abordée que par la voie apophatique. Mais il est aussi source de toute vie, fécond [...] extensif et universel [...], riche de « promesses » et seule référence sûre [...] : c'est la voie positive*[5]. »

C'est sous cette acception que le mot *tao* va donner plus tard, sous le règne des Han, son nom au « taoïsme », mot qui désigne l'« école du Tao ». À l'usage, *tao* va bientôt désigner la sagesse idéale, la sérénité propre aux grands maîtres anciens et plus largement une philosophie très spécifique de la pensée chinoise, où se mêlent le retrait de la vie sociale, la non-action et la non-intervention, aussi bien que la notion de vide dans son expression la plus constructive.

Ouvrant la « Voie » – au sens propre comme au sens figuré –, le *Tao-tö-king* pose les fondements d'une nouvelle philosophie, à laquelle se raccorderont ensuite d'autres grands penseurs chinois, sur laquelle viendront se greffer nombre de textes de référence, jusqu'à faire du taoïsme le tronc commun d'un courant de pensée philosophique qui, plus de vingt siècles plus tard, n'a rien perdu de sa dimension novatrice.

Le *Tao-tö-king*, *Livre de la Voie et de la Vertu*, a toutes les apparences et toutes les nuances d'un enseignement qui serait l'enseignement suprême, situant sa problématique bien audelà de toutes les écoles de pensée, fussent-elles chinoises ou autres. Il exprime, vers après vers, la dualité de toute chose et l'immanence implicite en toute chose, telles qu'elles sont définies dans le tout premier de ses chapitres :

5. Isabelle Robinet, *Histoire du taoïsme, des origines au XIVe siècle*, éditions du Cerf, 1991.

Les voies qui peuvent être suivies ne sont pas la Voie constante,
Les noms qui peuvent être nommés ne sont pas le Nom constant.
Sans nom est le commencement du Ciel et de la Terre ;
Ce qui a nom est la mère du Ciel et de la Terre.
Constamment sans désir, on contemple la Merveille.
Constamment dans le désir, on contemple les abords.
Tous deux ont même Origine et noms différents ;
Ensemble, on les dit Mystère.
Mystère sur mystère, Porte de toutes les merveilles. [6]

Il apparaît très vite que le terme *tao* revêt une dimension cosmique : étant la référence, il est à la fois à la source de toute chose, mais aussi de tous les opposés, du créé comme de l'incréé ; son universalité est totale.

On comprend aisément que cette formulation ait trouvé grâce, dans les périodes de troubles et d'obscurantisme guerrier, auprès des sages de la Chine ancienne. Ils étaient quelques-uns, alors, écœurés par les excès des princes et des souverains, à quitter l'univers artificiel et gangrené par les compromissions politiques et sociales de tout ordre, pour se lancer sur les routes et porter au gré des chemins une parole de sérénité et d'abnégation.

Sages errants, maîtres sans école, ermites des forêts et des montagnes, orateurs impénitents, tous aspiraient au retour à une légitimité purificatrice, au rapprochement avec les lois éternelles de la nature et de l'être profond, de l'essence véritable de la vie.

Le *Tao-tö-king* vint à point nommé pour canaliser leurs énergies et donner un sens nouveau à leur existence, à leur besoin de vérité, à leur quête de l'Absolu.

6. Lao zi, *Tao-tö-king*, I (dans la traduction de Liou Kia-Hway et Benedykt Grynpas, relue par Paul Demiéville, Étiemble et Max Kaltenmark, éditions Gallimard, « Bibliothèque de la Pléiade »).

Les « pères fondateurs » du taoïsme

Dans le sillage de Lao zi apparaissent bientôt d'autres silhouettes, d'autres personnages, qui avec le temps vont s'affirmer, prendre eux aussi une dimension dans l'histoire et contribuer à donner sa force au taoïsme naissant.

Contrairement au « Vieux Maître », dont il ne reste qu'une aura flamboyante, pour la plupart de ceux qui vont rapidement s'imposer comme ses successeurs, les doutes sont moindres quant à la réalité de leur existence, puisque les paramètres de celle-ci et de leur œuvre ont pu être plus aisément vérifiés que pour Lao zi. De fait, c'est par leur action concrète, au cœur de la Chine d'alors, s'appuyant sur le *Tao-tö-king* et leurs propres écrits, que le taoïsme va réellement s'implanter dans la vie quotidienne.

Yang chu

Yang chu est probablement l'un des tout premiers sages de la Chine ancienne à mettre en application les préceptes du *Tao-tö-king*. Il apparaît sur la scène publique au IVe siècle avant J.-C. Il se fait alors l'ardent défenseur du *wu-wei*[7], qui prône un individualisme fervent en accord avec la nature. Son mysticisme le fait remarquer par Mencius[8], le célèbre disciple de Confucius, dont les conceptions sont diamétralement opposées.

Yang chu affirme que tout ingérence dans les affaires et les pensées d'autrui est dommageable. Il va même jusqu'à considérer que se lancer dans une carrière est en tout point inutile, voire dangereux, tant pour lui que pour les autres. Il se refuse tout bonnement à prétendre faire du bien au monde avant que d'être parvenu lui-même à la Réalisation.

Par leur acuité et leur dépouillement, ses conceptions forcent l'attention et on les retrouvera dans nombre de textes taoïstes ultérieurs qui s'en inspireront largement.

7. Wu-wei : littéralement « absence d'action ».

8. Mencius : 370-290 avant J.-C., environ.

Lie Yu-k'eou

De son vrai nom Lie Yu-k'eou, celui que l'on surnomme Lie-tseu[9] entre également sur la scène de la pensée philosophique chinoise au IVe siècle avant J.-C.[10]. Si certains historiens doutent de son existence, ou la situent plutôt au Ve siècle avant J.-C. – d'autres n'hésitant pas à la remettre carrément en question –, la plupart ne peuvent cependant que constater qu'un livre portant son nom sera bel et bien en circulation quelques siècles plus tard, lors de la période des Han. On y trouvera notamment de nombreux détails sur la pensée de son prédécesseur Yang chu.

Vivant successivement dans la ville de Tcheng, puis à Wei, dans la province du Ho-nan, Lie Yu-k'eou met en pratique les préceptes d'une vie ascétique, très proche de la nature, aux accents d'un humanisme ancestral. Sage reclus, il est connu dans toute la région, et nombreux sont les disciples qui viennent à lui pour écouter son enseignement. Il y développe les préceptes que l'on retrouve dans son livre intitulé *Le Vrai Classique du vide parfait*, dont il s'avérera plus tard qu'il n'en a probablement pas été le seul auteur, tant les ajouts tardifs laissent entendre qu'il fut maintes fois remanié.

Zhuang zi

Pour ce qui est de Zhuang zi – plus connu sous le surnom Tchouang-tseu[11] –, il est certain, par contre, que personne ne se hasarderait à douter de son existence : les preuves de celle-ci abondent. De fait, Zhuang zi va rapidement s'imposer comme le plus important des successeurs de Lao zi, tant par son œuvre que par la renommée qu'il laissera derrière lui dans les siècles futurs.

9. Également orthographié Lieh-tse.

10. Certaines sources parlent plutôt du Ve siècle avant J.-C.

11. Également orthographié Tchoang Tzeu, Chuang-tse, Chuang Chou...

C'est au IVe siècle avant J.-C. que naît Zhuang zi, dans la province du Ho-nan, exactement dans la localité de Wong qui se trouve dans la principauté de Song[12]. Il y occupera un emploi de fonctionnaire sans histoires au parc des Laquiers, avant d'entrer lui-même dans l'histoire de la pensée chinoise avec une indiscutable aura de grand sage.

Zhuang zi passe pour être l'ami de plusieurs maîtres de l'École des dialecticiens[13], dont le célèbre Hui Shi, ou encore Gong-sun Long. Très ouvert sur son temps, il s'intéresse à tous les courants de son époque, mais c'est la rencontre avec la pensée de Lao zi qui incontestablement lui procure la plus forte impression, à tel point que ses propres écrits seront en grande partie des illustrations du *Tao-tö-king* sous forme de métaphores.

Au cours de sa vie, Zhuang zi s'affirme peu à peu comme un remarquable écrivain, dont le style très personnel se révèle d'une finesse peu commune et d'une grande précision. Il sait aussi bien décrire les arcanes de la pensée taoïste et insuffler aux mots toute la sagesse qu'elle renferme que pourfendre ses opposants – dont Confucius ou Mencius – d'une plume acerbe en des attaques fulgurantes.

On dit sa rhétorique sans égale, sa verve étincelante, son esprit des plus brillants. À tel point qu'il force le respect de ceux qui l'entourent et suscite inévitablement la convoitise des princes et des rois de son temps, lesquels aimeraient parer leur pouvoir de sa caution intellectuelle. Mais la rigueur de pensée de Zhuang zi est trop forte pour qu'il consente à inféoder son esprit à un quelconque monarque, ainsi que le décrit en son temps l'historien chinois Sseu-ma Ts'ien[14] :

12. Il est fréquemment fait état des dates 369-286 pour situer sa vie, mais on ne peut avoir une totale certitude sur ce point.

13. Encore appelée *École des noms*.

14. Dans son ouvrage intitulé *Che ki* (Mémoires historiques).

Le roi Wen de Tch'ou ayant entendu parler des talents de Tchouang Tcheou, envoya un émissaire avec de gros présents pour l'inviter à sa cour et lui offrir un poste de ministre. Tchouang Tcheou se mit à rire et dit à l'envoyé de Tch'ou : « Mille livres d'or sont assurément une belle somme ; la situation d'un ministre est certes très honorable. Mais as-tu jamais regardé le bœuf qu'on mène au sacrifice ? Après l'avoir soigneusement nourri pendant plusieurs années, on le revêt de tissus richement brodés pour l'introduire dans le grand temple. À ce moment, il préférerait sans doute n'être qu'un petit cochon oublié de tous, mais n'est-ce pas trop tard ? Va ! Évite de me souiller ! J'aimerais mieux m'ébattre joyeusement dans un bourbier que de me voir mettre le licou par le maître d'un royaume. Je n'accepterai jamais de charge officielle afin de vivre librement selon mon bon plaisir. »

Cette anecdote est significative de l'esprit taoïste, à une époque où les compromissions avec les hauts dignitaires sont coutumières. Avec des sages tels que Zhuang zi, on assiste à un retour à des valeurs morales plus épurées, exprimant une soif de liberté et une volonté à toute épreuve de conserver la pleine maîtrise de sa propre individualité.

Délaissant les honneurs, en paix et en harmonie avec sa pensée, Zhuang zi quittera finalement son emploi de petit fonctionnaire pour finir son existence dans une pauvreté austère auprès de sa compagne, retiré dans la nature. C'est d'ailleurs au contact de cette dernière, bien plus que dans les écrits ou la connaissance de la tradition, qu'il parviendra dans les derniers temps de sa vie à un détachement remarquable.

Zhuang zi laisse derrière lui des écrits fondamentaux pour la pensée taoïste – quand bien même certains rajouts ultérieurs viennent parfois l'encombrer – qui en font à proprement parler l'un des « pères fondateurs » les plus éminents de ce courant de pensée. Son exposé de la doctrine taoïste, sa pensée de visionnaire, de même que son approche mystique de la vie et sa grande sagesse, sans oublier par moments un certain humour, prendront au fil du temps et des générations valeur de référence pour un grand nombre de penseurs soucieux d'une éthique et d'une spiritualité authentiques.

Son ouvrage, intitulé *Nan-hua chen-ching* (*Livre véritable du pays des fleurs situé au Sud*) se compose de trente-trois chapitres, divisés en trois parties : les chapitres intérieurs (I à VII), les chapitres extérieurs (VIII à XXII), les autres textes ou chapitres « mixtes » (XXIII à XXXIII)[15]. Il est considéré en bien des occasions comme le vrai chef-d'œuvre de la littérature taoïste. En effet, le *Tao-tö-king* exposait pour sa part les grands principes de la Voie et de la Vertu, d'un point de vue spécifiquement théorique. Zhuang zi va plus loin : il applique la théorie à la vie de tous les jours, il l'inclut dans la vie mystique au quotidien. La forme donnée à ces textes se prête parfaitement à cette orientation : il s'agit de petites séquences, de récits courts, d'exposés succincts ; les images, les paraboles et les métaphores sont nombreuses, qui illustrent et « oxygènent » agréablement le discours du maître.

Certes, l'auteur part du *Tao-tö-king*, mais il le développe, l'enrichit de mille détails et nuances, qui vont du dialogue à l'anecdote, de l'allusion mythique aux conseils pour introduire le taoïsme dans l'existence de chacun. Ce n'est plus du seul exposé des fondements du Tao dont il est question, mais bien de la réalisation concrète du Tao dans une existence humaine.

En ce sens, Zhuang zi rend le taoïsme accessible à tous ; il en fait une réponse potentielle et cohérente à toute quête métaphysique ; il montre comment le sage se cache derrière l'homme vrai qui sommeille en chacun de nous.

On comprend, dès lors, pourquoi cet ouvrage sera considéré dans les siècles à venir comme l'un des textes les plus éminents non seulement du taoïsme mais aussi de toute la pensée chinoise – voire même, pour certains historiens, le plus important –, certains de ses passages devenant célèbres : *[...] la vie est*

15. Il ne fait aucun doute que la première partie soit l'œuvre de Zhuang zi. Par contre, les deux autres semblent avoir été inspirées par lui à ses disciples. La version dont nous disposons aujourd'hui est celle revue et corrigée par Guo Xiang, le plus célèbre commentateur de Zhuang zi (mort en 312 de notre ère).

concentration de souffle ; qu'il se concentre et c'est la vie, qu'il se disperse et c'est la mort [...]. Ne regarde pas, n'écoute pas, embrasse tes esprits dans la quiétude et ton corps, de lui-même, sera correct ; sois calme, sois pur, ne fatigue pas ton corps, n'agite pas ton essence, et tu pourras vivre longtemps ; si tes yeux ne voient rien, si tes oreilles n'entendent rien, si ton cœur-mental ne sait rien, tes esprits garderont ton corps, et ton corps vivra longtemps ; prends garde à ton intérieur, ferme-toi à l'extérieur ; trop de savoir mène à la ruine (chap. XI).

Que ta volonté soit une ; n'écoute pas avec les oreilles, mais avec le cœur-mental ; n'écoute pas avec le cœur, mais avec le souffle (chap. IV). *Que ton corps soit droit, ta contemplation une et l'Harmonie céleste viendra ; recueille ton savoir ; que tes actes soient un, et les esprits viendront dans ta demeure* (chap. XXII).

Les autres courants « formateurs » du taoïsme

La grandeur du taoïsme naissant réside à la fois dans l'impulsion donnée par Lao zi à un moment donné de l'histoire de la Chine ancienne, puis par ceux qui ont adopté son schéma de pensée, mais aussi, bien sûr, dans l'environnement culturel et social de cette époque.

Il ne peut suffire que quelques hommes pensent différemment pour que naisse tout à coup un nouveau courant de pensée : il ne peut exister, en la matière, de génération spontanée. Il faut un terrain fertile, perméable, réceptif à l'expression de toute nouvelle forme de pensée. Chaque idée neuve, qui plus est lorsqu'il s'agit de métaphysique, met du temps à s'insinuer dans les esprits, à gagner la conscience, avant de remonter à la surface sous forme d'évidences.

Cela revient à dire que le terrain propice au taoïsme existait en germe dans la société chinoise, dans les esprits de ceux qui prenaient le temps de réfléchir, bien avant son éclosion sous la forme aboutie du *Tao-tö-king*. Cela signifie également que ce mouvement des pères fondateurs du taoïsme ne saurait à lui seul en expliquer la force et l'ampleur, et encore moins la puissante universalité.

De fait, certains courants de pensée très anciens véhiculaient depuis longtemps déjà des idées finalement assez proches de celles qu'allaient mettre en lumière avec une brillance nouvelle des hommes hors du commun tels que Zhuang zi.

Le phénomène de révélation propre au taoïsme, cette vague de fond de la pensée chinoise, ne s'explique en réalité que par un long mûrissement « préparatoire » au fil des décennies et des siècles, à travers des pratiques et des coutumes qui se perdent dans la nuit des temps. En effet, le passé de la Chine s'est nourri d'une multitude de traditions, dont la veine chamaniste a certainement été la plus féconde, la plus influente et plus durable.

On retrouve ainsi, dans des poèmes appelés *Chuci*, ou *Élégies du royaume de Chu*, les traces de pratiques spirituelles et religieuses, mises en œuvre par les *wu* – chamans, sorciers – et développant des principes originellement très proches des idées taoïstes. Les rapports avec la divinité y sont fréquents, de même que la présence d'immortels, de randonnées mystiques ou de voyages de l'âme dans des contrées célestes, de nourritures d'effluves cosmiques et d'éloignement des poussières du monde matériel. On ne peut manquer de remarquer d'étonnantes similitudes, notamment pour ce qui est de la méditation solitaire ou certaines formes de liturgie.

Un autre courant de pensée ayant certainement véhiculé quelques éléments embryonnaires du futur taoïsme, tant dans la forme que dans l'esprit, est celui des *fangshi*, ces hommes au comportement asocial, différents du commun des mortels, jugés excentriques et marginaux par les adeptes du confucianisme, surnommés les « hommes à techniques ».

Eux aussi, bien avant la lettre et l'avènement du courant taoïste, étaient déjà « ailleurs », dans une projection de la pensée vers un absolu hors des normes officielles ; ils pratiquaient depuis longtemps l'astrologie, la médecine, différentes formes de divination, s'adonnant à des pratiques de longévité – qui seront très présentes dans le taoïsme – ou à des randonnées

« extatiques »[16]. Fervents adeptes de la méditation solitaire, ils cherchaient déjà des solutions à l'intérieur de l'être plutôt que dans le monde matériel, en une épuration permanente annonçant implicitement la venue du taoïsme.

Certains écrits très anciens laissent entendre que Lao zi lui-même aurait appartenu à leurs rangs, étant secrètement l'un de ces hommes héritiers d'une longue tradition secrète, que l'on dit remonter aux archivistes-devins de l'Antiquité, seuls détenteurs du savoir et de l'écriture, qui étaient censés maîtriser les « techniques d'immortalité » (dont le taoïsme fera l'un de ses axes de recherche et de méditation). Ainsi, le principe de l'immortalité physique, cher aux taoïstes, remonterait au moins au VIIIe siècle avant J.-C.

C'est dans ces mouvances de l'esprit des hommes et des coutumes, hors du temps et des remous officiels de l'histoire, dans un passé bien plus lointain que tous les textes, au-delà du regard des historiens, qu'il faut chercher, qu'il faut voir les frémissements, les premières impulsions, les prémices de ce qui va se révéler pleinement sous la forme accomplie du taoïsme. Car c'est là, dans le magma bruissant et bouillonnant d'une humanité naissante, dans les profondeurs d'une Chine ignorant encore sa grandeur à venir, que tout a commencé.

16. Extatique : qui a le caractère de l'extase.

3.

L'enseignement du taoïsme

Le Tao n'est pas loin,
il est dans mon corps.

C'est une chose que de franchir les siècles pour venir jeter un regard scrutateur et attentif à l'aube de l'une des plus grandes civilisations qu'ait jamais portées cette planète, c'en est une autre que d'entrer soudain en contact avec une pensée forgée en ces temps éloignés. Lorsqu'un désir profond et sincère s'en fait réellement sentir, on peut aisément voyager dans le temps et dans l'espace, s'abandonner, se laisser glisser dans un passé révolu pour en retrouver les formes et les ambiances, les soubresauts et les harmonies ; il n'est plus alors de limites qui ne soient franchissables, de lointains horizons qui ne soient accessibles. Tout contact avec un lieu, avec un événement, prend dès lors la consistance du réel, de l'immédiateté soudainement retrouvée : l'Histoire défile à nouveau devant nos yeux, avec ses petits moments, ses grands instants, ses coups de folie ou ses accélérations subites, peuplée de tous ceux qui lui donnent sa consistance et son relief d'humanité.

Mais le voyage que nous entreprenons aujourd'hui nous porte vers un autre rivage.

Une voie d'enseignement

Le décor est majestueux, avec ses montagnes et ses collines à perte de vue, ses plaines balayées par le vent, ses fleuves lents et immenses ; la Chine ancienne ne peut que séduire et fasciner, ancrée qu'elle est, dès son origine, dans le multiple et la multitude.

Or le taoïsme vient soudain rompre cette harmonie apparente, cette logique des étendues et des certitudes infinies. Dans cet univers voué à la diversité, à l'éclatement, aux nuances infimes, le Tao ne prône pas autre chose que le retour à l'Un, la plongée dans l'unité primordiale génératrice de toute chose. Et c'est bien là qu'il va trouver matière à son éclosion, à sa propagation.

Car le Tao n'entre dans aucune famille, n'appartient à aucun genre, ne correspond à aucun critère. Le Tao est au-delà de tout cela, par le simple fait qu'il incarne l'absence de définition. Les premiers vers du *Tao-tö-king* l'annoncent clairement : le Tao est innommable, indéfinissable et pourtant décelable en toute chose. Il ne saurait être « cadré » avec des mots, un concept ou un principe humains. Le Tao est la « Voie » qui conduit tout être et toute chose à une mutation perpétuelle au sein de l'univers sans cesse en mouvement.

Le Tao est donc implicitement une voie de révélation, et par là même une voie d'enseignement. Mais certainement pas au sens classique du terme. On n'apprend pas le Tao : on peut tout juste tenter de le trouver en soi. De toute évidence, il conduit à l'Un, à la révélation de ce qui en chaque être anime la vie.

Si l'absence de définition en est la caractéristique majeure, il ne peut non plus être enseigné comme n'importe quelle ligne de pensée philosophique. Le Tao reste le Tao, inexprimable, impraticable, invisible…, donc impropre au moindre enseignement tel qu'on l'entend généralement.

Le Tao ne s'enseigne pas, il se vit

Le Tao ne se dit pas, il se vit. Le Tao ne se définit pas, il se vit. Le Tao ne s'enseigne pas, il se vit.

Il est à la fois énergie, transformation, mutation, et ne peut donc être enfermé dans quoi que ce soit qui pourrait le figer, fût-ce un enseignement doctrinal, une instance dirigeante, un dogme ou un choix confessionnel. Il est au-delà de toute définition, à la fois transcendant et immanent.

De fait, le Tao est à l'intérieur plutôt qu'à l'extérieur de toute chose, de tout être ; c'est pourquoi il ne peut avoir de forme ni être formulé. La vérité qu'il veut exprimer, c'est au-dedans qu'il faut la chercher, la trouver, et non au-dehors.

Les mots, l'enseignement, le rapport maître-disciple, le dogme inaliénable… ne sont que des effets de l'extérieur, souvent très éloignés du fondement initial, de la cause primordiale. C'est pourquoi la quête de celui qui veut savoir doit s'entreprendre en son for intérieur et non pas dans les mouvances de sa pensée conditionnée par le monde extérieur. L'absolu ne se rencontre que dans les profondeurs de l'intérieur, ainsi que le soulignent depuis toujours les sages dans une phrase devenue célèbre : *Le Tao n'est pas loin, il est dans mon corps.*

La transmission de toutes les traditions

L'enseignement du Tao est contenu en totalité dans le *Tao-tö-king*. Le texte révélé par Lao zi renferme à lui seul toutes les traditions des Mystères. C'est la référence première de la pensée taoïste. Mais on s'accorde à reconnaître, parmi les sages, que le premier acte de transmission du savoir inhérent au Tao est en fait la naissance – l'apparition – de Lao zi. C'est par son entrée dans la matérialité, à un moment où les choses devaient se faire, que tout a commencé. Le gardien de la passe, Yin Hi, qui demande à recevoir son enseignement – alors que le « Vieux Maître » poursuit sa route vers l'Ouest pour fuir la société des hommes –, et reçoit les cinq mille mots du texte, n'est autre que le premier de tous les disciples.

Il est clair que c'est ainsi que l'illumination doit s'accomplir, que la « Voie » prend tout son sens, que la conscience du Tao peut gagner les esprits et se propager. Le *Tao-tö-king* est certes un texte philosophique, et il sera transmis au fil des générations en tant que tel, mais il se veut avant toute chose porteur de l'Essentiel, de l'Universel. C'est pourquoi il est complet et ne saurait appartenir à une quelconque école ou académie de lettrés et de savants – comme c'est souvent le cas en la matière –, ou encore à un quelconque courant de pensée déterminé.

Un enseignement « sans paroles »

On dit couramment que la transmission du Tao – le terme « taoïsme » n'apparaissant que bien après Lao zi – procède d'un « enseignement sans paroles » : tout est dit dans le *Tao-tö-king*, charge étant laissée à chacun d'explorer et de comprendre le sens profond des aphorismes délivrés par le « Vieux Maître » avant de disparaître. Les sages auront alors pour fonction non pas d'enseigner le Tao, mais de guider chacun afin qu'il trouve en lui-même la source et l'expression du Tao universel.

Car le *Tao-tö-king* renvoie chaque individu à quelque chose qui se situe au-delà du simple savoir, de l'enseignement tel qu'il est habituellement dispensé ; on commente le texte de Lao zi, on ne l'apprend pas. En toute circonstance, quel que soit le sujet abordé, la référence est l'humain, son intérieur et son extérieur, l'un étant essentiel, l'autre superficiel. Le « ceci » cerne l'interne, l'Unité initiale, la connaissance intuitive, bien avant les mots ; le « cela » souligne l'externe, le morcellement propre à la matérialisation des choses comme des idées. Toute chose, tout être, toute vie peut être rapporté à cette dualité fondamentale au travers de laquelle s'expriment la pulsion de vie, le sens de l'existence, la fonction primitive d'*être*.

Tao-kia, l'école du Tao

Bien qu'il ne ressemble à nul autre dans les faits, l'enseignement du Tao va peu à peu être assimilé par le peuple à une « école du Tao » (*Tao-kia*), plus pour une simplification d'appellation que par analogie avec d'autres types d'enseignements.

De fait, entre le VIIIe et le IIIe siècle avant J.-C., la Chine traverse une période marquée par un développement sans précédent de la pensée philosophique. De toutes parts, des groupes de sages et de savants cherchent, innovent, développent de nouveaux concepts, remettent en question les acquis de la tradition chinoise. Les heurts politiques et les affrontements guerriers ont pour effets secondaires la création de cercles de pensée qui cherchent avidement des solutions politiques, sociales, culturelles et spirituelles aux problèmes de leur époque. C'est dans cette mouvance des idées, cette ébullition des esprits, tout en conservant intacte sa singularité, que le taoïsme va peu à peu prendre corps et s'implanter chez les penseurs les plus éclairés. Abandonnant aux autres courants de pensée le champ de l'interventionnisme politique (défendu par les légistes), ou celui du déterminisme social (cher aux confucianistes), l'école du Tao affirme sa voie dans une direction diamétralement opposée.

Délaissant la politique et l'ordre social, le *Tao-kia* prône les valeurs et la vertu de l'homme seul, isolé face à lui-même, ayant au plus profond de lui toutes les réponses aux questions qu'il se pose, toutes les solutions pour parvenir à l'harmonie et à l'illumination. De ce point de vue, l'éveil passe par le rejet de tout ce qui, de près ou de loin, touche à la communauté des hommes, tant dans la pensée que dans l'organisation, pour ne se concentrer que sur cette part de l'individu qui, au plus profond de son être, est indicible et innommable, impalpable et incernable, mais alimente, justifie, explique et autorise sa trajectoire. Il n'est d'autre voie pour l'homme que de transcender son propre Tao, et par là de réintégrer l'unité primordiale, affirmant la solidarité fondamentale, incontournable, entre l'homme et le cosmos. L'individu en vient ainsi à redéfinir la valeur de son identité, de son moi ; à repenser à la fois le sens de sa trajectoire humaine et la réalité du monde.

L'éveil à une compréhension nouvelle

Dès lors que l'on parle de Tao, on l'aura compris, bien plus qu'un enseignement au sens traditionnel du terme, c'est d'un itinéraire particulier dont il est question, répondant à la quête de tous les hommes de la plus simple des manières : en les renvoyant à eux-mêmes, à cette richesse interne dont ils n'avaient pas conscience auparavant. Le véritable enseignement du Tao réside dans l'éveil à une compréhension nouvelle, mettant en lumière la transformation, la mutation permanente que vit tout individu à longueur de temps dans son intimité première, au-delà de toute pensée, de toute conscience. Le simple fait d'*être* prend alors un autre sens, acquiert une dimension jusque-là insoupçonnée, qui permet à chacun d'accéder à sa réalité ultime, à sa perfection personnelle, de retrouver le contact sans plus aucune limite avec toutes les énergies de l'univers.

C'est le retour à l'origine, à la virginité première d'avant tous les mots, à la connaissance intuitive, à ce vide qui n'est que l'expression de la sérénité, de la paix suprême. Une fois libéré du monde, l'homme prend conscience de la relativité de toute chose et s'affirme enfin dans une fusion totale avec l'univers. Il arrive au terme de sa quête, dans la pleine lumière de la révélation.

Par ce biais, le Tao répond à toutes les questions qui harcèlent l'homme qui pense et s'interroge : qui suis-je ? Quel sens donner à mon existence ? Comment jouir de la vie le mieux possible ? Quel est mon rôle sur cette terre ? D'une manière générale, quelle est la vraie nature de l'homme ?

La certitude qui se dégage alors, c'est qu'il faut aller au-delà de l'erreur commune qui consiste à croire qu'il y a autant de réponses que de questions. Car en définitive il n'y en a qu'une seule : le Tao.

« Parvenir à l'Un », « retourner à l'Un », « garder l'Un » ne signifient rien de moins que revenir à l'Unité première, initiale, primordiale, mère de toute chose. C'est accéder enfin à la source du « souffle de vie », à cette paix intérieure génératrice de tous les devenirs. Les chemins qui conduisent à cette éclosion, à cet éveil, à cette révélation de notre interne le plus précieux et le mieux caché sont de diverses natures. Qu'il s'agisse du taoïsme philosophique, du taoïsme religieux, des techniques d'extase, des pratiques de longévité et d'immortalité physique, ou encore d'exorcisme, tous concourent à l'élévation de l'âme, à la prise de conscience finale ouvrant les portes de l'accomplissement total.

Le Tao se révèle alors processus de transformation permanente, flux constant d'énergie, traduction vitale de l'impermanence des éléments subtils qui concourent à la vie, harmonie des contraires, souffle divin impulsant toutes les créatures et toutes les créations.

Et la révélation la plus essentielle, qui tout à coup s'impose dans une flagrante évidence, c'est que vivre, tout simplement, constitue déjà – à notre corps défendant, sans que nous en ayons conscience le plus souvent – le premier enseignement du Tao. Mais dépassons les mots, cessons de le décrire… pour mieux le vivre.

Deuxième partie
LA DOCTRINE

Qui va vers le Tao, le Tao l'accueille.
Qui va vers la Vertu, la Vertu l'accueille.
Qui va vers la perte, la perte l'accueille.

LAO ZI, *TAO-TÖ-KING*, XXIII.

Une civilisation qui se perd au fond des âges, un pays illimité, des hommes lancés à la quête du sens de leur existence. Une fois encore la magie du voyage nous porte au cœur de l'essentiel. Comme si de tout temps l'être humain, avec une persévérance bien plus qu'animale, n'avait eu d'autre impatience que de comprendre, de savoir, de cerner et d'expliquer le pourquoi des choses, de cette vie qui l'anime et autorise sa trajectoire.

Rechercher le fondement, donner un sens, définir des règles, établir des lois. L'homme ne peut vivre sans construire, à la fois ses habitations, sa communauté, mais aussi sa plus belle demeure qui n'est autre que lui-même. Ainsi naît, grandit, se développe et s'étend une civilisation. Ainsi se forgent les racines, se transmettent l'identité et la fibre de la descendance.

Coutumes et habitudes s'ancrent dans un décor, au flanc d'une colline, sur les rives d'un fleuve, dans une plaine désertique, simplement parce que c'est là que la présence trouve tout son sens. L'harmonie et la sérénité naissent de ces rencontres entre des lieux et des hommes, des fonctions et des capacités, mais aussi des attentes et des croyances, des certitudes indicibles et des rites obscurs.

La foi de l'homme, la foi « en » l'homme, ne puise pas ailleurs sa raison et sa justification. Que voudraient dire « vivre », « aimer », « travailler », « fonder un foyer », s'il était impossible, auparavant, de *croire* ?

Car c'est bien là, dans cette capacité à se projeter dans l'univers par la seule vertu de son esprit, par la seule grandeur de son âme, de son instinct visionnaire, que l'homme prend toute sa dimension.

Le temps et l'espace ne sont plus alors, entre ses mains, que les instruments d'une histoire sans fin.

4.

La naissance d'une doctrine

Celui qui sait ne parle pas,
celui qui parle ne sait pas.

LAO ZI, *TAO-TÖ-KING*, LVI.

Lorsqu'il apparaît sur la scène publique, au cœur de la Chine ancienne, à peu près à la même époque que le confucianisme, le taoïsme, s'il est encore peu connu, n'en résulte pas moins, nous l'avons vu, d'une longue maturation souterraine qui remonte aux origines de la pensée chinoise.

Bien que l'époque soit entachée de soubresauts politiques et guerriers inhérents à une féodalité encore précaire, c'est à un bouillonnement culturel, intellectuel et philosophique d'une rare intensité auquel on assiste.

Du fond de ses provinces les plus lointaines, les moins accessibles, la Chine bouge, frémit, s'interroge, ne demande qu'à comprendre et à grandir : ici les sorciers et les chamans préservent jalousement la tradition hermétique et mystique dont ils sont les héritiers, ailleurs les écoles de pensée fleurissent çà et là, les sages donnent l'exemple et se lancent sur les routes, les ermites prônent le renoncement et investissent montagnes et forêts, les rites et les coutumes se heurtent ou s'amalgament, la pensée s'enrichit d'autant de courants qu'il existe de maîtres pour les animer et de disciples pour en suivre les enseignements.

Dans cette effervescence générale, il est un univers qui pourtant contraste avec cette agitation fébrile se répandant tous azimuts : c'est celui du Tao. Lorsque le *Tao-tö-king* parvient entre les mains de ses premiers lecteurs, il est clair, soudain, qu'un événement de taille est en train de se produire.

Jusqu'alors, dans la plupart des courants de pensée ayant droit de cité dans les nombreuses provinces de la Chine ancienne, la tradition était orale, transmise de maître en maître, le plus souvent après une longue initiation. L'écrit n'était généralement que très postérieur à l'émergence de nouvelles orientations spirituelles ou philosophiques.

Avec le *Tao-tö-king*, c'est différent. Quiconque se le procure et en prend connaissance est instantanément en contact avec la totalité de l'« enseignement » taoïste. Certes, cela n'induit pas une compréhension immédiate et encore moins des applications forcément cohérentes dans la vie quotidienne, mais du moins l'accès à cette connaissance est-il grandement simplifié.

Incontestablement, le Tao offre une nouvelle voie de recherche, de compréhension de l'univers. S'imposant bientôt comme une doctrine à part entière, il trouvera désormais droit de cité auprès d'un public sans cesse grandissant.

Le *Tao*, voie de révélation

Parce qu'il est indicible, inexprimable, qu'on ne peut en parler sous peine de ne pas en cerner la grandeur, le Tao englobe tout. En ce sens, il procède de la plus pure mystique. Il n'est en effet relié ni à un enseignement systématique, ni à une croyance imposée, ni à des préceptes ou à des règles à respecter. Il se révèle au cœur de toute chose, procède de sa nature intrinsèque, et par là atteint une dimension évidemment cosmique.

C'est la cause première, l'unité de base, bien avant la moindre définition avec de pauvres mots. Zhuang zi le définit ainsi : *Le mot de Tao n'est après tout qu'une commodité de langage car le Principe qu'il sous-tend transcende le monde concret... Il peut être transmis mais non saisi, appréhendé mais pas vu. Avant que le Ciel et la terre fussent, il existait, immuable... Il transcende les régions du Zénith, mais n'est pas haut. Il est antérieur au Ciel et à la terre, mais n'est pas ancien. Il est plus ancien que le premier des anciens, mais pas vieux*[1].

Le Tao est latent en tout ce qui existe, c'est pourquoi il ne peut être enseigné, car tout change, bouge, évolue, se transforme ; c'est donc dans l'expérience incessante, qui consiste à « être », qu'à la fois le Tao s'exprime et peut être compris. Aucune école n'est apte à transmettre cela ni à enseigner la plénitude de sa véritable nature.

Le Tao est la mutation, l'esprit qui anime le changement cosmique. On le traduit généralement par « Voie », mais il est davantage le « Passage » qui fait évoluer en permanence toute chose. C'est par l'expérience vécue, et uniquement par elle, que l'on peut connaître le Tao et s'en imprégner. Une expérience éminemment spirituelle, qui en donnant à l'existence une élévation particulière lui confère dans le même temps une autre profondeur.

Parce qu'il est en toute chose, le Tao est révélation de chaque instant. Une révélation indéfinissable et inexprimable, mais perceptible dans la force et la grandeur de l'instant, dans l'ampleur de la créativité de la vie. Dans la plénitude immédiate de l' « être vrai ».

Le Tao est certes la Voie qui nous montre le chemin de l'éveil, mais il est aussi celui qui nous « dit » comment y parvenir. Présent en chaque chose, il s'exprime au travers d'elle pour nous inciter à y percevoir l'essentiel, la force initiale, la réalité cosmique. Au cœur de toutes les transmissions, il met en communication toutes les énergies, il sert de relais entre le Ciel et la terre, l'homme et le sacré ; en cela, il est l'inspirateur de l'ordre fondamental de l'univers. C'est la raison pour laquelle certains le considèrent avant tout comme un « principe d'Ordre ».

1. Zhuang zi, VI.

C'est bien évidemment de l'Ordre cosmique qu'il est question, qui prévaut à l'organisation du macrocosme comme du microcosme. Le Tao est donc à la source de l'Ordre universel, à la fois cause, processus, force, essence. Les anciens Chinois l'appelaient la « Voie céleste », mais, reconnaissant qu'il est par essence indéfinissable, ils le désignaient plus fréquemment par l'appellation « Sans Nom ».

Le Tao est en soi une totalité : il est *[...] à la fois le chemin à parcourir et la fin du parcours, la méthode et l'accomplissement. Il n'y a pas à distinguer entre le moyen et le but, comme nous avons l'habitude de le faire. À peine est-on engagé dans le chemin, qu'on l'a parcouru tout entier.* [2]

De fait, la notion de Tao est apparue en Chine bien avant Lao zi ; déjà dans l'Antiquité les penseurs chinois l'utilisaient abondamment ; mais ce n'est qu'avec le « Vieux Maître » qu'elle prit la dimension universelle que nous lui connaissons aujourd'hui.

Source unique de toute chose, le Tao contient tous les possibles ; il est le réceptacle de toutes les forces et de toutes les énergies, de toutes les productions de l'univers. Lao zi le désigne comme la « Source du monde ».

Le Grand Tao s'écoule, à droite comme à gauche ;
Les dix mille êtres en dépendent pour vivre,
Il ne les rejette pas ;
Son œuvre achevée, Il ne s'en targue pas.
Il vêt et nourrit toutes choses, sans s'en faire le maître.
Constamment sans désir, on peut le nommer Petit.
Toutes choses y convergent sans qu'il s'en fasse le maître.
On peut le nommer Grand.
Finalement, de ne pas se faire grand,
Il accomplit sa grandeur. [3]

2. Jean Grenier, *L'Esprit du Tao*, Flammarion, coll. « Champs », 1973.

3. Lao zi, *Tao-tö-king*, XXXIV.

En ce sens, au-delà de toutes les définitions, à la fois source et aboutissement de toute chose, fini et infini, le Tao est la réalité ultime de tout ce qui existe. C'est l'essence fondamentale derrière toute apparence, la dimension mystique dans l'ombre de toute vie. Ainsi que le résume fort bien Isabelle Robinet, *sa manifestation n'est pas constituée par quelque chose d'intelligible ou représentable, ni par aucun acte de saisie, ce qui est une forme d'extériorité, mais par sa vertu intrinsèque.* [4]

Le *Tö*, expression de la vertu initiale

Si le Tao est considéré comme la « Voie », le Tö est pour sa part assimilé à la « Vertu ». Dans le *Tao-tö-king – Livre de la Voie et de la Vertu –*, le Tö désigne tout ce qui entre en conformité avec le Tao. D'une certaine manière, c'est la manifestation concrète, l'expression droite et entière du Tao. Le premier exemple que l'on puisse en donner est certainement le sage, qui par son adhésion au Tao est l'incarnation vivante du Tö.

Prise dans son sens initial, cette définition de la vertu en fait incontestablement une qualité intérieure, fondamentale et majeure, qui seule permet une réelle harmonisation avec le Tao. C'est elle qui mène l'homme en quête de vérité et d'absolu sur le chemin de la connaissance et de la compréhension.

Alors que le Tao est ce par quoi toute chose existe, le Tö est pour sa part assimilable à ce qu'une chose est « par nature », dans son rôle premier. La nuance, toute subtile qu'elle puisse paraître aux non-spécialistes, n'en est pas moins fondamentale et revêt une importance capitale pour comprendre la portée – la profondeur – de la pensée taoïste.

4. Isabelle Robinet, *Lao zi et le Tao*, Bayard Éditions, coll. « L'aventure intérieure », 1996.

Ainsi que le souligne fort justement Jean Grenier, *lorsque le Tao est perdu, il reste encore le Tö (Te) – c'est-à-dire lorsque le Principe universel de la Nature est oublié, il y a encore la nature de chaque chose en particulier.*[5]

À l'origine, lors de ses premières utilisations dans la Chine ancienne, le mot *tö* est employé avec une signification proche de « pouvoir », mais ce sens premier va bientôt évoluer vers « puissance » puis continuer son glissement progressif jusqu'à être associé à la notion de vertu en ce qu'elle a de plus immuable et rigoureux – ce qui, en fin de compte, n'est pas si éloigné fondamentalement d'une certaine forme de puissance et de pouvoir.

Au cœur de la pensée taoïste, Tö désigne très clairement la nature d'une chose, d'une entité, ce en quoi elle diffère des autres choses et des autres entités : ce qui détermine qu'elle « est » et affirme sa singularité. C'est en définitive l'incarnation du Tao dans une représentation concrète, dans une création particulière ; ce qui conduit couramment à dire que le Tö n'est rien d'autre que le « Tao en action ».

De fait, plus généralement, la notion de Tö est associée à tout ce qui est conforme au principe du Tao, donc à toutes les activités créatrices. On le représente graphiquement par un trait vertical, qui symbolise l'axe du monde, unit la terre et le ciel, l'espace et le temps, mais aussi les « états du Principe et ceux de l'homme ». Ce dernier doit parvenir à la base de cet axe, puis s'élever le long de celui-ci s'il souhaite accéder à la vérité du Tao. En ce sens, le Tö figure le génie créateur qui permet à l'homme de se transcender pour parvenir à l'essence des choses, à la connaissance ultime.

L'*Un*

Ce que dévoile peu à peu le Tao à celui qui s'en approche, c'est une réalité immanente qui nourrit indifféremment tout ce

5. Jean Grenier, *op. cit.*

qui existe, depuis l'embryon moléculaire jusqu'au système planétaire. Le Tao est en toute chose, et de ce fait il affirme son unicité. La notion de l'*Un* prend alors toute sa dimension.

Le Tao étant la réalité intérieure de chaque chose, toute créativité émerge d'une seule et même source. Zhuang zi synthétise parfaitement cette idée, lorsqu'il affirme que *toutes choses se créent elles-mêmes par leur propre réflexion intérieure et personne ne peut dire comment elles y arrivent.* En d'autres termes, c'est depuis l'intérieur des êtres ou des choses que naît et se manifeste la réalité ultime.

Dans tous les cas, ce processus est fulgurant, instantané, immédiat : ce jaillissement irréfléchi, inhérent à toute chose, c'est le Tao.

Cela signifie que derrière la diversité des choses, du monde qui nous entoure, dans lequel nous évoluons, il existe une unité totale, véritable source primordiale à l'origine de toutes les créations. D'un point de vue relatif, les choses sont diverses, mais, si l'on s'en tient à l'absolu, toutes les diversités se rejoignent dans l'unité d'un identique fondement originel, duquel émanent toutes les énergies créatrices de l'univers.

Derrière la multiplicité des formes et des expressions, un œil exercé peut déceler l'Un primordial, et par là atteindre la libération, comme le souligne parfaitement Chang Chung-Yuan : *Celui qui comprend les deux processus – l'unité au sein de la multiplicité, l'immuabilité au sein du changement – et qui s'intègre à eux a atteint l'illumination. Éclairé, il est libéré de la prison du temps et de l'attachement aux choses, tout en s'identifiant à tout ce qui est temporel et spatial et en partageant son essence commune. Cette identification et cette interpénétration du moi et du non-moi sont la source de tous les possibles, au sein de la réalité absolue.*[6]

6. A. Kielce, *Le Sens du tao*, éditions du Mail, 1991.

La notion de « souffle originel »

L'expression première de cette unité sous-jacente à toute chose, c'est *qi*, le « souffle », cette énergie originelle et primordiale qui insuffle une dynamique à tout ce qui existe dans l'univers et se voit comparée à la « respiration du monde ».

Dès lors, toute vie, toute existence, toute concrétisation n'est qu'une expression donnée, sous une forme particulière, de ce souffle vital sans lequel rien ne peut exister.

Ce sont les différences multiples dans l'exhalaison de ce souffle originel et primordial, selon qu'elles sont grossières ou subtiles, qui déterminent la variété des choses et des phénomènes, ainsi que le cerne avec précision un texte taoïste devenu célèbre :

Avant le Grand Vide, quiétude et silence, qu'y a-t-il ?

L'essence suprême reçut une impulsion et s'écoula comme un flux, et l'Un véritable naquit.

L'Un véritable mut son esprit, et le Souffle primordial se transforma spontanément.

Le Souffle primordial est l'existence dans la non-existence,

La non-existence dans l'existence.

Vaste, sans mesure, subtil à ne pas pouvoir être discerné ;

Germant et se mouvant peu à peu, il apparut ;

Confus et indistinct, sans compagnon,

Les principes des dix mille images y firent leur apparition.

Alors, le souffle pur, pénétrant et clair, s'éleva et forma le Ciel ;

Le souffle opaque et ténébreux s'amassa et forma la terre ;

Le souffle harmonieux, souple et docile se concrétisa et forma l'homme ;

Le souffle hétéroclite, dur et rebelle se dispersa et forma les diverses espèces.[7]

7. Texte datant de 756 de notre ère, attribué au taoïste Wu Yun.

Le souffle originel est dispensateur de l'énergie dont toute chose a besoin pour se concrétiser, pour exister. On le dit « formateur du monde », on le nomme « vent cosmique », on lui prête la capacité de créer l'espace et le temps ; il serait à l'origine de la fertilisation de l'univers, engendrant la vie par sa seule présence.

Le retour à l'origine : la notion de « cycles »

Dès lors que la source de toute chose est identifiée, le travail de l'homme en quête d'éveil spirituel va donc consister, dans un premier temps, à se rapprocher de cette origine première où tout se décide et se conçoit.

C'est ce que l'on nomme généralement la « loi du retour », qui mène chacun de nous à revenir sans cesse à l'essence des choses. Le Tao, qui n'est que mouvement, mutation, changement, illustre cette loi en permanence.

L'énergie circule, va et vient, part de la source pour y revenir, encore et toujours. C'est cette « circulation » qui sort les êtres et les choses de l'immobile, qui crée la vie. Tout commence dans l'Unité primordiale, pour se faire multiplicité dans les formulations concrètes, puis revient à l'origine.

La loi du retour est l'expression du rythme universel dans lequel baigne toute chose, qui enchaîne inlassablement les saisons, le jour et la nuit, le pour et le contre, et avec eux tous les contraires qui contribuent à donner un sens à notre univers, à porter l'homme bien au-delà de sa seule matérialité. C'est la complémentarité initiale du *Yin* et du *Yang* (que nous évoquerons en détail plus loin), ce concept idéal qui depuis cinq mille ans[8] guide l'âme chinoise.

Lao zi donne du retour à l'origine une description très explicite.

8. Il a été révélé sous le règne de Fou Hi, trois mille ans avant J.-C.

Atteins à l'apogée du vide
et garde avec zèle ta sérénité.
Devant l'agitation simultanée
de tous les êtres,
ne contemple que leur retour.
Les êtres multiples du monde
feront retour chacun à leur racine.
Faire retour à la racine, c'est être serein ;
être serein, c'est retrouver le Destin.
Retrouver le Destin, c'est le constant.
Connaître le constant, c'est l'illumination.
Qui ne connaît le constant
crée aveuglément son malheur.
Qui connaît le constant embrasse.
Qui embrasse peut être universel.
Qui est universel peut être royal.
Qui est royal peut être céleste.
Qui est céleste peut faire un avec le Tao.
Qui fait un avec le Tao peut vivre longtemps.
Celui-là demeure inépuisé jusqu'à la fin de sa vie.[9]

La notion de retour est indissociablement liée à celle de « cycle ». En effet, le retour n'est pas une opération ponctuelle à laquelle on peut recourir de temps à autre. Chaque chose étant en mouvement et en perpétuelle mutation, la rotation des énergies se poursuit continuellement. Si bien que nous ne cessons de revenir à l'émergence de la vie, puis d'en repartir, et ainsi de suite indéfiniment.

Symboliquement, nous ne cessons de faire le chemin de la matière vers la Vérité ultime, de remonter le courant vers la lumière de l'essentiel, de faire l'aller-retour entre la Terre et le Ciel. Les choses, les faits, les événements nous ancrent, nous attirent dans la matière ; notre esprit, notre âme, notre foi nous élèvent vers l'impalpable et l'Absolu.

9. *Tao-tö-king*, XVI.

Le retour à l'origine nous ramène à la source de toute chose, au jaillissement et à l'éclosion de la lumière initiale, de ce qui nourrit la création la plus humble comme la plus complexe, la forme la plus lourde comme la plus infime. De retour à l'origine, on sent le souffle initial nous fouetter le visage, commencer à dessiner les contours de ce qui sera mais n'est pas encore.

C'est le lieu, l'instant de toutes les fusions, de toutes les expressions naissantes. Là règne l'Unité qui crée le monde et l'homme, lesquels reviennent à elle avec une régularité de métronome. Ce n'est rien d'autre, en fin de compte, que l'expression du Tao... qui est tout.

Chaque pulsion de l'Unité génère des êtres et des choses, crée des formes, mais, l'harmonie n'existant que dans l'Unité – et non dans l'éclatement de la multiplicité –, il faut ensuite revenir en arrière, retourner au centre originel pour retrouver l'équilibre fondamental. Cela signifie que le Tao conduit à défaire ce que le monde fait, à dénouer les liens qu'il tisse à longueur de temps, à « déconstruire », ainsi que le précise Zhuang zi : *Défaites votre mental, rejetez votre esprit, et les dix mille êtres retourneront à la Racine, un à un.*[10]

Pour tout être humain, revenir à l'origine d'une chose ou d'un événement, c'est s'attacher à retrouver le germe premier de sa naissance pour en comprendre la source et les raisons, puis s'associer à son évolution en parfaite connaissance de cause. C'est revenir à l'origine du monde, en appréhender la fabuleuse et permanente créativité, prendre conscience de cette régénération constante qui baigne toute chose, saisir avec l'esprit l'imbrication et l'organisation de toutes ces énergies, et enfin percevoir dans un même élan révélateur l'extension de l'Un au multiple et le retour inévitable – cyclique – à l'Unité première.

10. Zhuang zi, IV.

À l'origine est le « centre »

L'origine, c'est le centre. Y revenir ne consiste pas à annuler ni à anéantir tout ce qui a été créé auparavant dans une dynamique d'évolution multiple, mais plutôt de recentrer l'énergie mise en mouvement sur les valeurs intrinsèques de l'Unité.

Le centre originel est la source de tous les jaillissements. C'est le centre du monde, de l'univers, du créé comme de l'incréé. Isabelle Robinet, dans un remarquable ouvrage[11], nous en donne une définition à la fois synthétique et très complète : *[...] la notion de Centre, le lieu vers quoi tout retourne, où tout converge, et, complémentairement, à partir de quoi tout se diffuse. [...] Il est étroitement lié à la notion d'Harmonie qui a valeur cosmique : elle est l'Unité du monde en tant que complexe, où chacun trouve sa place selon un ordre où toute chose trouve réponse. [...] Le Centre est le lieu de l'Homme en tant qu'archétype et instance cosmique. [...] C'est l'espace dans lequel s'entrecroisent le Yin et le Yang pour donner naissance au monde, le lieu où se placent l'adepte en sa méditation et le prêtre dans le rituel, à partir duquel et vers lequel ils peuvent communiquer avec le Ciel comme avec la Terre...*

Le centre originel est le royaume de l'Un que nous avons évoqué précédemment. Certains le voient totalement fermé, d'autres absolument ouvert ; c'est en tout cas le lieu de transmission, de communication, de circulation, à partir duquel la totalité de ce qui existe croît, perdure et s'organise.

À la fois dépouillé dans son aspect unitaire et complexe dans les extensions qu'il génère à tout instant, le centre originel cultive l'ambiguïté : il est unique – car antérieur au monde – mais également présent en toute chose, tout être, toute manifestation. Il est l'âme du renouvellement permanent d'un univers en perpétuelle mutation, qui ne connaît pas l'immobile.

11. Isabelle Robinet, *Lao zi et le Tao*.

Quand l'Un génère tout le reste

C'est à partir du centre originel que tout est produit, que se manifestent un à un tous les « engendrements ». De là s'épanouissent l'inspir et l'expir, se complémentent les énergies et les orientations contraires, s'harmonisent les forces de l'intérieur et de l'extérieur, fusionnent les différences.

Au sortir de ce que l'on nomme *hundun* (chaos primordial), *[...] après l'absence de toute chose, viennent, selon le schéma le plus souvent décrit, les images, puis la Forme, puis le Souffle, qui tout d'abord sont indissociables, puis se divisent, et enfin apparaît la Matière.*[12]

Symboliquement, le Tao est donc à la fois la source et tous les fleuves qui en sont issus. Il est l'Un et le multiple, et en cela affirme sa dimension réellement cosmique. Il est le maître de tous les enfantements, de toutes les créations, de toutes les expressions dans la matière, quelles que soit leur forme, leur composition, leur résistance.

L'Un est présent en toute chose, quand bien même son unicité n'est pas discernable. Il est l'expression même, portée à son plus haut niveau, de l'Harmonie céleste qui englobe tous les mondes et tous les univers qu'il génère indifféremment avec une identique puissance créatrice.

Le Tao engendre Un,
Un engendre Deux.
Deux engendre Trois.
Trois engendre tous les êtres.
Tout être porte sur son dos l'obscurité
et serre dans ses bras la lumière,
le souffle indifférencié constitue son harmonie [...][13]

C'est ainsi, dans un chapitre célèbre du *Tao-tö-king*, que Lao zi introduit l'expansion de l'Un originel dans ses développements multiples.

12. Isabelle Robinet, *Lao zi et le Tao.*

13. *Tao-tö-king*, XLII.

De la manière la plus naturelle, en réponse à une pulsion créatrice des plus fortes, à l'image de la première cellule humaine entamant son fascinant développement, l'Unique se scinde en deux pour bientôt créer de multiples états secondaires et ramifications.

Avec la dualité naissent le rapport de l'Un au Deux, le sujet et l'objet, la conscience et la connaissance, l'image et son double. L'union de l'Un et du Deux se parfait en générant le Trois, qui ramène symboliquement à l'Unité. En d'autres termes, la dualité conduit à l'Unité, en une boucle évoquant le cercle incessant des mutations. Le cycle s'accomplit : *L'Un est le fondement, le Deux son opération, le Trois la « création »*.[14]

Le Trois marque le passage par une nouvelle Unité – où l'Un est à la fois l'origine et le tout –, qui à son tour, en conjonction avec l'Un primordial, va engendrer à l'infini d'autres extensions, d'où naîtra la multitude.

Le *Yin* et le *Yang*, ou logique des opposés

La notion de retour à l'origine, de phénomène cyclique, d'imbrication subtile entre l'Unité et la multitude, d'allers et retours incessants entre l'immatériel et le matériel nous conduit à évoquer sans plus attendre l'un des paramètres majeurs et essentiels du taoïsme, à savoir la complémentarité basique entre les opposés qui donne vie à toute chose, et que depuis cinq mille ans on désigne par les termes *Yin* et *Yang*, représentés par un symbole connu dans le monde entier.

Le *Yin* et le *Yang* appartiennent aux fondements de la pensée chinoise depuis des millénaires. À tel point qu'on les considère comme la manifestation bipolaire du Tao. Leur origine remonte à la nuit des temps.

14. Dz. 263.14.8a., cité par Isabelle Robinet, *Lao zi et le Tao.*

Le *Yin* représentait alors le versant septentrional d'une montagne, celui qui n'est pas éclairé par le Soleil, reste dans l'ombre, ne reçoit pas de chaleur ; le *Yang*, pour sa part, était auréolé de toute la brillance, des chaudes couleurs et de la luminosité de l'astre solaire. Ces deux éléments constituaient l'Unité de la vallée, en une correspondance naturelle et cosmique synonyme d'harmonie.

Cette image des deux pôles se complémentant pour accomplir l'Un était si forte qu'elle fut adoptée pour désigner tout ce qui était dans l'univers, chaque chose n'existant réellement, dans sa finalité intrinsèque, que par symbiose avec son contraire. Depuis ce temps, quelque peu décalés de leur utilisation première très concrète, le *Yin* et le *Yang* ont trouvé une définition symbolique :

– le *Yin* représente globalement la féminité dans toutes ses nuances, allant de la passivité à la réceptivité, de l'obscur au mou ; on lui associe la Lune, l'eau, le nord, la couleur noire, le plomb, les chiffres pairs ;

– le *Yang*, quant à lui, est lié au masculin et à ses principaux éléments tels que l'activité, la créativité, la clarté ou la dureté ; il est lié au Soleil, au feu, à la couleur rouge, au sud, au mercure, aux chiffres impairs.

On comprend mieux, dès lors, pourquoi la réunion du *Yin* et du *Yang* dans un symbole visuel très évocateur, symbolise toute création : c'est l'image même de la fusion des principes contraires pour accéder au Tout. Le point noir dans la zone blanche – de même que le point blanc dans la zone noire – indique que chaque élément porte en lui le germe de son contraire, telle la promesse d'atteindre prochainement la réunion et l'harmonie totales.

S'il apparaît très tôt dans les écrits de la Chine ancienne, c'est certainement dans le *Lüshih ch'un-ch'iu* [15] que l'on trouve pour la première fois une définition complète des symboles *Yin* et *Yang* :

Le Grand Un engendre les deux pôles (c'est-à-dire le ciel et la terre) ; les deux pôles engendrent les forces de l'obscur (Yin) et du lumineux (Yang). L'énergie de l'obscur et du lumineux se transforme ; une partie monte dans les hauteurs, l'autre descend dans les profondeurs ; elles s'unissent pour former les êtres, agités et flottants. Dès qu'elles sont séparées, elles se réunissent ; dès qu'elles sont réunies, elles se séparent de nouveau. Telle est la marche éternelle du ciel. Le ciel et la terre sont entraînés dans un cycle. À chaque fin succède un commencement, à chaque extrémité un renouveau. Tout est accordé avec tout... L'élément qui est à l'origine de tous les êtres, qui leur donne naissance, est le Grand Un ; ce à partir de quoi les êtres se forment et s'accomplissent, est la dualité de l'obscur et du lumineux.[16]

On retrouve dans ce passage tous les ingrédients qui vont donner corps à la pensée taoïste et au principe de l'Un que nous avons évoqué auparavant. C'est le *Yin*, dans sa descente, qui a formé la terre, opaque et stable ; le *Yang*, dans son ascension, qui a créé le ciel, pur et mobile. Alors que le *Yang* marque le commencement, la création initiale, le *Yin* affirme la différence, le dépassement de l'Un : *[...] toute identité, tout individu commence par l'Un, par un principe de continuité, d'identité à soi-même, en s'opposant à l'Autre, le différent, qui le délimite. C'est pourquoi le Yin « parachève ». L'Un ne peut se suffire, a besoin de l'Autre pour le borner, délimiter son contour.*[17]

15. Lüshih ch'un-ch'iu : littéralement « Printemps et Automne du seigneur Lü », ouvrage philosophique du IIIe siècle avant J.-C., composé par Lü Pu-wei, qui contient tous les principes de base du taoïsme, du confucianisme, des pensées légaliste et moïste.

16. Livre V, chapitre II, *Dictionnaire de la sagesse orientale*, éd. Robert Laffont, coll. « Bouquins », 1995.

17. Isabelle Robinet, *Histoire du taoïsme, des origines au XIVe siècle.*

Si l'on revient un bref instant à la notion d'évolution cyclique évoquée plus haut, le monde serait un cercle, partagé en quatre parties égales par deux axes – l'un vertical, l'autre horizontal. Le *Yang* est à gauche de l'axe vertical, le *Yin* à droite ; de même, le *Yang* est dans la partie supérieure délimitée par l'axe horizontal, le *Yin* dans celle inférieure.

On conçoit ainsi de la plus simple des manières, visuellement et d'un simple coup d'œil, que toute définition « figée » du *Yin* et du *Yang* est à proprement parler impossible tant ils s'interpénètrent à longueur de temps. Et c'est bien là, justement, leur spécificité qu'il est essentiel de cerner avec précision si l'on veut approcher la richesse du Tao dans toute son ampleur.

Une fois encore, par-delà les complexités d'apparences que tisse le langage – avec une subtilité trop souvent hermétique –, la réalité est lumineuse d'évidence : bien plus que des entités à part entière, auréolées de caractéristiques immuables comme le prétend une approche primaire, le *Yin* et le *Yang* sont en fait des « forces », des « énergies » vitales sans cesse en mouvement, qui ne s'expriment que dans leur entremêlement, leur imbrication permanente en toute chose, chaque fois selon des degrés divers.

Il n'est pas deux choses au sein de l'univers dans lesquelles le *Yin* et le *Yang*, dans leur complémentarité essentielle et incontournable, ne soient équilibrés dans des proportions exactement similaires. La création naît justement de la fusion des pulsions convergentes, des croisements subtils, des alternances indicibles, des polarités complémentaires qui trouvent à s'équilibrer selon des paramètres toujours différents.

La dynamique des contraires

C'est la formidable – et fascinante – dynamique des contraires, le rythme des accords et des interactions entre le *Yin* et le *Yang*, qui forgent le monde. Ce qui explique pourquoi le taoïste, dans sa quête d'absolu, cherchera à être *Yin* en tant que récepteur de l'énergie céleste, mais aussi *Yang* en devenant pure lumière.

C'est également la raison pour laquelle le *Yin* et le *Yang* sont indissociables en toute chose. La présence de l'un est toujours évocatrice, entraîne inévitablement celle de l'autre. L'harmonie et l'équilibre – sans lesquels rien ne saurait exister ni prendre forme – naissent de cette savante et permanente alchimie entre concentration et expansion, repos et mouvement, va-et-vient qui génère les causes et les effets, donnant tout son sens à l'évolution perpétuelle.

De là émerge ce que l'on nomme communément la « loi d'alternance », qui veut que tout ne soit qu'évolution cyclique, passage temporaire dans le *Yin* ou le *Yang*, expansion ou compression d'énergie, aller et retour. Tant et si bien que le sage qui se réfère au Tao cherchera à rester dans l'Un plutôt qu'à s'engager dans telle ou telle orientation… qui de toute façon le ramènera tôt ou tard dans le sein de l'Unité fondamentale, source de toute chose !

Le rythme binaire et alternatif de la création éclaire l'existence humaine sous un jour particulier, en se faisant l'expression d'une succession d'états dont pas un ne peut – ni ne doit – être considéré comme définitivement stable et acquis. Cela conduit à expérimenter la vie, dans chacun de ses instants aussi bien que dans sa trajectoire globale, comme une mutation perpétuelle, un bouillonnement incessant d'énergies complémentaires voué au renouvellement systématique.

De fait, le *Yin* et le *Yang* ne sont pas « seulement » contraires, tels qu'on les imagine habituellement avec une simplicité trop aisément limitative : dans leurs diverses émanations, quand bien même les apparences sont souvent trompeuses, *de facto* ils sont aussi égaux et symétriques. Ainsi se résument toute l'ambiguïté du monde et de la vie, qui, sous leurs dehors de réalité, sont en fait irréels, car sans cesse en mutation. En effet, à peine a-t-on perçu un détail, une chose, un être, qu'il a déjà changé. À proprement parler, il n'existe pas, il « mute » en permanence. D'une seconde à l'autre tout évolue, donc devient forcément différent. Plus rien ne ressemble à ce qu'il était auparavant. C'est littéralement d'un *[…] ordonnancement qui se défait sans cesse* dont il est question.

Ce que nous révèle le symbolisme du *Yin* et du *Yang*, par le biais de l'antique sagesse chinoise, c'est que la réalité n'est pas une et indivisible mais trouve son origine dans un dualisme propre à toute chose inhérente au monde manifesté. C'est dans cette force créatrice primordiale, dans ce mode d'action bipolaire, dans cette formulation idéale contenant toutes les virtualités, que se trouve la voie du Tao, et sans conteste son message – son appel à l'éveil – le plus authentique.

La plupart des auteurs taoïstes se sont évertués à cerner le principe du *Yin* et du *Yang*, nous laissant des textes remarquables de simplicité et de clarté, dont notamment ce passage du *Huainan zu*[18]:

Le Tao
couvre le Ciel, porte la terre,
S'étend en quatre quadrants, s'élargit aux huit pôles ;
D'une hauteur inaccessible, d'une profondeur insondable,
Il embrasse le Ciel et la terre et se dispense dans le Sans-forme…
À la verticale, il emplit Ciel et Terre,
À l'horizontale, il relie les quatre mers ;
Il s'étend jusqu'au sans-fond, et n'a ni aube ni soir…
Il relie les quatre amarres et contient le yin et le yang,
Il encorde les espaces et le temps,
Et fait briller les trois luminaires.
Si boueux, si fangeux, si impalpable.
Par lui les monts sont levés, les abîmes profonds,
Par lui les quadrupèdes marchent et les oiseaux volent,
Par lui brillent le soleil et la lune et tournent les astres,
Par lui s'ébat la licorne et plane le phénix.[19]

Dans cette même veine explicative, c'est certainement Lao zi qui, au début du *Tao-tö-king*, a trouvé l'une des formulations les plus épurées et imagées :

18. Isabelle Robinet, *Histoire du taoïsme des origines au XIVe siècle.*

19. *Huainan zu*, I.

Tout le monde sait que la beauté est belle.
Voilà ce qui fait sa laideur.
Tout le monde sait que le bien est bien.
Voilà ce qui fait son imperfection.
L'être et le néant s'engendrent l'un l'autre.
Le facile et le difficile se parfont.
Le long et le court se forment l'un par l'autre.
Le haut et le bas se touchent.
La voix et le son s'harmonisent.
L'avant et l'après se suivent.
C'est pourquoi le saint adopte
la tactique de non-agir
et pratique l'enseignement sans parole.
Tous les êtres du monde surgissent
sans qu'il en soit l'auteur.
Il produit sans s'approprier.
Il agit sans rien attendre.
Son œuvre accomplie, il ne s'y attarde pas.
Puisqu'il ne s'y attarde pas,
son œuvre ne passera pas.[20]

De plus, dans ce texte d'une grande pureté, le « Vieux Maître » mentionne pour la première fois ce qui va se révéler être l'un des paramètres majeurs du taoïsme : la notion de « non-agir ».

Wu-wei, le principe du « non-agir »

Le terme *wu-wei*[21] que l'on traduit habituellement par « non-action », ou « non-agir », est très certainement l'un des plus fondamentaux de la pensée taoïste. À lui seul, il désigne en effet

20. Lao zi, *Tao-tö-king*, II.

21. Wu-wei : de la racine *wu*, qui signifie « ne… pas », et *wei* qui peut être traduit de diverses manières selon le contexte, dans le sens de « acte », « effort », « faire », « accomplir », « réaliser ».

l'essence même de ce qu'est le Tao dans son expression la plus humaine. C'est la raison pour laquelle on le retrouve en de nombreuses occasions dans la littérature des maîtres taoïstes.

Pris au sens littéral, *wu-wei* pourrait désigner le renoncement à l'action, le refus de celle-ci ; mais en réalité sa signification est beaucoup plus subtile et nuancée. Il s'agit en fait de ne pas s'impliquer au-delà de l'action spontanée inhérente à notre vie de tous les jours, de ne pas agir avec à l'esprit le seul calcul d'une quelconque rentabilité, des actes comme des faits, de ne pas aller au-delà du strict minimum nécessaire pour continuer à vivre dans la paix et l'harmonie intérieures.

Wu-wei est un concept qui remonte lui aussi à la nuit des temps. De nature mystique, il fait référence au silence dans lequel se trouve tout équilibre, et qu'il est donc essentiel de savoir garder ; car c'est le souffle intérieur qui seul peut nous dicter notre conduite, nous amener à agir en toute spontanéité et en parfaite logique, avec le plus grand naturel, *tel un arbre se tournant idéalement vers le soleil pour y puiser ses bienfaits.*

Wu-wei est l'expression d'une trajectoire vécue dans une profonde harmonie avec la nature, avec les rythmes éternels qui régissent la vie. De tout temps, aussi loin que remonte la mémoire des hommes, la Chine a entretenu des rapports très particuliers – et privilégiés – avec les éléments naturels. Aux yeux des Anciens, il ne servait à rien de courir en tous sens pour accomplir sa destinée ; cela n'avait pour effet véritable qu'une débauche d'énergie dont il fallait ensuite payer le prix un jour ou l'autre. Il était autrement plus simple de regarder autour de soi, d'observer le monde, et de réaliser que l'ordre parfait ne se trouve pas ailleurs que dans la nature.

C'est ainsi que *wu-wei* est devenu par excellence, au fil du temps, le principe d'action de celui qui aspire à devenir un sage. En respectant la nature et ses rythmes, l'homme donne une autre vitesse, une autre dimension à sa vie : il se « recadre » à sa juste place dans le rapport fondamental homme-univers.

Par extension, *wu-wei* s'est affirmé par la suite comme le symbole même de tous ceux qui engagent leur existence dans la Voie et la Vertu… qui n'est autre que le chemin du Tao. C'est à la fois l'écoute de la nature dans laquelle on vit, mais aussi de celle qui nous est propre, de ce qui est en chaque individu originellement et ne demande qu'à s'exprimer le plus simplement du monde, sans que nous passions notre temps à compliquer et à complexifier les choses.

Wu-wei, c'est se contenter d'agir spontanément, laisser la nature accomplir son œuvre selon son rythme, sans forcer le cours des événements qui composent notre vie, et pour cela parvenir à se détacher, des désirs comme des actes. Car le grand secret de la sagesse chinoise, résumé dans la pensée taoïste, c'est que l'homme procède de la nature, en conséquence de quoi il ne peut aller à contre-courant de celle-ci sans s'attirer des problèmes.

Le Tao, nous l'avons vu, est en toute chose. Il initie chaque détail de notre être intime comme de notre vie sociale, donne un sens et une portée à chacune de nos pensées comme à tout acte ; il est donc logique que son efficacité soit totale sans que nous intervenions pour influer sur le cours des choses… qui *par essence* se réalisent naturellement et parfaitement sans entraves. C'est ainsi, et seulement par cette voie d'absence de conscience de soi, que l'être humain peut véritablement affirmer cc qu'il est initialement au plus profond de lui-même et s'accomplir réellement en pleine harmonie.

Le Tao demeure toujours sans agir
et pourtant il n'y a rien
qui se fasse sans lui.
Si les seigneurs et les rois pouvaient observer le Tao
tous les êtres se transformeraient d'eux-mêmes.
Si quelque désir surgissait parmi les êtres
au cours de la transformation du monde,
je les maintiendrais dans la limite
du fond sans nom.
Le fond sans nom est
ce qui ne doit avoir aucun désir.
C'est par le sans-désir et la sérénité
que l'univers se règle lui-même.[22]

22. *Tao-tö-king*, XXXVII.

Ainsi que le souligne Lao zi dans ces quelques mots, et que renchérissent Zhuang zi et d'autres penseurs taoïstes dans leurs écrits de même nature, le sage maîtrise et contrôle ; c'est lui qui instaure le non-agir, que l'on nomme aussi le « non-faire », car il sait par expérience que c'est par l'acceptation du rythme de la nature, puis par l'intégration de celui-ci dans les profondeurs de son être, que l'on accède – intuitivement et spontanément – à l'équilibre total.

« Ne jamais s'opposer... Ne jamais refuser... »

Ne jamais s'opposer aux forces de la nature, ne jamais les refuser, ne jamais leur interdire de nous traverser ni de nous emporter là où il est bon que nous allions…, telles sont quelques-unes des règles fondamentales liées au principe du *wu-wei*.

Ce serait une erreur que de considérer pour autant *wu-wei* comme un appel à l'insouciance ou au laisser-faire. Bien au contraire, se mettre à l'écoute des rythmes de la nature et y adhérer en permanence demandent un engagement personnel de tous les instants qui n'a rien à voir avec une quelconque lascivité ou une indolence passive. Zhuang zi est très clair à ce sujet : *Wu-wei ne signifie pas ne rien faire et se taire, mais permettre à chaque chose d'être ce qu'elle était à l'origine de telle sorte que sa nature se réalise.*

Un autre penseur taoïste, Lin Yutang, y voit *l'art de maîtriser les circonstances sans leur opposer de résistance ; c'est le principe d'esquiver une force qui vient sur vous en sorte qu'elle ne puisse vous atteindre.*

La pratique de *wu-wei* dans la vie de tous les jours conduit à ne plus connaître ni tension, ni anxiété, ni peur. Tous les actes trouvent la place que leur confère la nature, en fonction de notre propre rythme d'évolution au sein de l'univers. La sagesse n'est pas autre chose que l'harmonisation des rythmes, la pleine conscience de l'immédiateté, grâce à un esprit clair et disponible en permanence.

C'est en ce sens qu'il faut comprendre l'un des adages majeurs du taoïsme, lequel affirme : *Il faut vivre chaque instant comme si c'était le dernier*.

Ce que prône le Tao, par le biais de *wu-wei*, c'est la prépondérance de l'*homme naturel*, au sens primitif du terme, sur toute forme de savoir, tout mécanisme abstrait de la pensée, toute morale, tout intellectualisme. La sagesse n'est plus dès lors une chose qui peut s'apprendre ou se transmettre – comme c'est le cas dans nombre d'autres écoles de pensée –, mais uniquement une *façon d'être*, une écoute et une connaissance de soi. Ce n'est qu'à partir de cette compréhension intérieure du sens réel de l'existence que l'on peut ensuite appréhender le monde qui nous entoure, et accéder ainsi à la véritable connaissance des sages.

En d'autres termes, le Tao n'est accessible que par l'expérience, intime et profonde, de chaque individu au cœur de lui-même, et non par un quelconque enseignement. Rencontrer un sage, apprendre un texte taoïste, s'adonner scrupuleusement à un rituel ne sont d'aucune utilité si en préliminaire on n'a pas adopté la *façon d'être* qui seule peut ouvrir notre conscience et nous permettre de retrouver les rythmes universels qui de tout temps ont généré la vie.

Ce que *wu-wei* souligne avec insistance et pertinence, c'est que l'analyse, l'enseignement ou l'observation ne sont d'aucune aide dès lors que l'on aborde l'essentiel ; ce ne sont que préceptes et principes humains, avec tout ce que cela sous-entend d'imperfections, de partis pris, d'abstractions intellectuelles ancrées dans des kyrielles de mots et de concepts n'ayant que peu de rapports avec la réalité universelle des choses.

La seule réponse cohérente qui soit, pour celui qui cherche l'éveil, qui est en quête d'illumination, se trouve donc dans le Tao, puisque c'est là, au-delà de tous les mots, que se trouve le sens fondamental de toute chose. *Wu-wei* devient alors le moyen d'accéder au détachement, de se libérer des chaînes de la pensée, pour accepter pleinement le cours des choses et la vie comme elle vient sans plus opposer aucune résistance :

Pratique le non-agir,
fais le non-faire,
goûte le sans-saveur,
considère le petit comme le grand
et le peu comme beaucoup.
Attaque une difficulté
dans ses éléments faciles,
accomplis une grande œuvre
par de menus actes.
La chose la plus difficile au monde
se réduit finalement à des éléments faciles.
L'œuvre la plus grandiose s'accomplit
nécessairement par de menus actes.
Le saint ne fait jamais rien de grand
et peut ainsi accomplir sa grandeur.
Qui promet à la légère
tient rarement sa parole.
Qui trouve tout facile éprouve
nécessairement beaucoup de difficultés.
Le saint tient tout pour difficile
et ne rencontre finalement aucune difficulté.[23]

Ne rien faire de particulier, ne rien entreprendre qui sorte du contexte immédiat et présent, ne rien générer qui ne soit en prise directe avec ce que l'on est actuellement, ne pas mettre en avant une quelconque intention..., telles sont quelques-unes des implications de base de *wu-wei* dans la vie de tous les jours pour qui adhère en parfaite cohérence et en totale acceptation à la pensée taoïste.

Il résulte de cette conception de l'action, de cette attitude dont la mise en pratique concerne le moindre de nos actes, un comportement à part entière. C'est celui que l'on reconnaît généralement chez le sage. Il est empreint à la fois de grandeur et de simplicité, de pureté et de silence : dans son acception la plus aboutie, dans son rejet de tout effort ou de tout jugement, on le considère généralement comme l'aboutissement naturel de

23. *Tao-tö-king*, LXIII.

ce que l'on nomme la « doctrine du vide ». Le vide n'est pas cependant négation de toute chose. Bien au contraire, il est synonyme de quiétude, car il s'apparente surtout au vide mental et affectif, lequel se caractérise par l'absence de toute idée préconçue, de volonté d'imposer une idée, une conception plutôt qu'une autre, d'émettre et de voir un désir se réaliser.

Dans la logique fondamentale des « opposés-complémentaires » que sont le *Yin* et le *Yang*, le vide n'est pas négatif ; au contraire, marqué de tous les aspects de la féminité, il se veut réceptacle et attire le plein ; au lieu de symboliser l'absence, il est une force attractive étonnamment présente et puissante.

Lorsqu'il se fait « vide », s'adonne au non-agir, le sage offre à l'univers, à l'énergie primordiale du Tao, un terrain idéal sur lequel cette dernière va pouvoir imprimer un devenir en tous points harmonisé avec les forces du Ciel et de la Terre.

Bien loin d'être un « vide de la négation totale », c'est d'un « vide d'accueil » qu'il est question, dédié par essence à la réceptivité la plus totale, la plus essentielle, génératrice de toutes les créations. Le vide sans lequel le plein n'existerait pas et qui lui donne tout son sens, comme le souligne fort justement Lao zi :

Trente rayons convergent au moyeu
mais c'est le vide médian qui
confère à la voiture sa fonction.
On façonne l'argile pour faire des vases,
mais c'est du vide interne
que dépend son usage.
Une maison est percée de
portes et de fenêtres,
c'est encore le vide qui
permet l'usage de la maison.
Ainsi, « ce qui est » constitue
la possibilité de toute chose ;
« ce qui n'est pas »
constitue sa fonction.[24]

24. *Tao-tö-king,* XI.

Cela revient à dire qu'au lieu d'être négation pure – comme se l'imaginent ceux qui ne prennent pas la peine d'approcher le Tao de suffisamment près – le vide est efficace et dynamique. Mieux : en tant que réceptacle potentiel, il se fait en réalité « générateur d'énergie ». En tant que vide, il attire, il « aspire » littéralement tout ce qui va pouvoir le remplir ; ainsi, à tout instant, il est « en devenir ».

En d'autres termes, celui qui s'est purifié des passions et des désirs, qui a fait le vide en lui, est en réalité pleinement habité par toutes les potentialités du Tao, *[…] il est, comme le soufflet, capable de produire du souffle à volonté […].*[25]

Lorsqu'il se contente du vide de l'inaction, de sa mise en état de réceptivité, d'une existence où le « sans-faire » oriente ses moindres choix et ses plus petits actes, le sage approche le Tao en ce qu'il a d'universel…, qui réside justement dans l'immédiate spontanéité et la disponibilité permanente, à partir de quoi naissent toutes les créations.

Il n'y a là rien qui soit assimilable à de la passivité ou du refus ; il s'agit bien au contraire de se rendre accessible, imprégnable, « emplissable » par toutes les potentialités du Tao. Ce qui de prime abord peut ressembler à de la faiblesse n'est en réalité que l'affirmation de la « non-résistance » en tant qu'expression privilégiée du Tao.

Bien loin de l'indifférence, *wu-wei* désigne au contraire une forme d'engagement total dans la vie, face à tous les possibles qu'elle peut nous apporter, dont elle peut nous « emplir ». Plus l'esprit est large, le cœur ouvert, le mental vide de tout *a priori* ou de toute pensée ancienne, plus les potentialités sont grandes de parvenir à une plénitude totale, à une acceptation de tout ce que le Tao peut nous apporter.

Wu-wei n'est que souplesse, tolérance, détachement, distanciation avec cet ego qui nous pose tant de problèmes, qui est en réalité le créateur de toutes nos peurs et nos incertitudes. Le

25. Max Kaltenmark, *Lao tseu et le taoïsme*, éd. du Seuil, coll. « Maîtres spirituels », 1965.

« non-agir » conduit au « non-désir », qui lui-même ouvre la voie à cette sérénité qui a le pouvoir d'annihiler toutes les tensions, de nous conduire sur le chemin de la réalisation pleine et entière, de l'harmonie totale.

Au-delà de l'acceptation des rythmes naturels du monde qui nous entoure, *wu-wei* est synonyme d'acceptation, d'adaptation, d'inscription de tout acte dans une dynamique de l'instant, sans but ni mobile, simplement en termes de réalisation immédiate. En se déroulant « autour d'un centre immobile », l'action unit son mouvement à celui de l'univers, et par là devient l'expression du Tao.

Pour qui sait prendre le temps de voir et d'observer, de lever le voile des impatiences d'interprétation, la passivité apparente que génère *wu-wei* se révèle des plus créatrices. C'est en effet sur le terrain dépouillé de la non-action, dans cet espace libéré de toute impression du passé ou supposition du futur, que fleurissent les plus belles, les plus fortes potentialités réalisatrices.

En ce sens, il est fréquent de considérer *wu-wei* comme le centre de la roue de la vie. C'est là, inévitablement, que se rejoignent, que se confondent l'être et la connaissance, que se dessine notre véritable identité. Là est la spontanéité du Tao : *Vide, paix, contentement, apathie, silence, vue globale, non-intervention, voilà la formule du Ciel et de la Terre, le secret du Tao et de sa vertu.*[26]

En optant pour le non-agir, le sage entre dans la non-connaissance, qui elle-même, loin d'être ignorance, le conduit dans l'univers de la grande « sensibilité universelle », dans le silence de la totalité indifférenciée : *La non-connaissance exprime l'unité fondamentale de la nature sans que cette expression soit limitée par le rationalisme d'une seule espèce ou la grammaire d'un seul langage.*[27]

26. Zhuang zi, XV.

27. A. Kielce, *Le Sens du tao.*

En ce sens, le « non-agir », la « non-connaissance » ne sont pas des actes de retrait ou de distanciation, mais bien des actes de participation à l'unité de la nature et de l'univers en ce qu'ils ont d'essentiellement global et fondamental.

Par *wu-wei*, on atteint le Tao. Le non-agir conduit à la « non-existence », qui elle-même génère la quiétude et la plénitude : ne rien obtenir, c'est être en paix. Il s'en dégage une très forte sensation de « vacance », de vide, significative de ce que le sage taoïste nomme l'état de « non-être ».

L'état de « non-être »

Ce que les taoïstes appellent l'état de « non-être » est défini par Zhuang zi comme résultant de la pratique du *chih* (la connaissance intuitive) et du *t'ien* (la quiétude).

Le *chih* est en fait la prise de conscience par tout individu de la réalité de sa nature profonde, de son être le plus intime, de sa vérité intrinsèque par-delà tous les masques, toutes les formes de langage et tous les jugements. Ainsi que le synthétise parfaitement Chang Chung-Yuan, *[...] c'est la compréhension du Tao qui donne accès à tous les secrets du non-être. [...] la connaissance intuitive est pure conscience de soi par appréhension immédiate, directe, et non par des méthodes rationnelles ou déductives. Dans le domaine de la connaissance intuitive, il n'y a pas séparation entre le connaisseur et le connu ; sujet et objet s'identifient l'un à l'autre [...]. Le chih, incarné par l'interpénétration de l'univers et des choses qui le composent, est le plus haut pouvoir spirituel que nous possédons.*[28]

Il ne peut être question de gradation dans le fait de parvenir à la compréhension du Tao : la connaissance intuitive ne se transmet pas ; elle est illumination immédiate, et par là expression

28. Cité par A. Kielce, *Le Sens du tao*.

soudaine du « non-être ». L'univers doit se percevoir sans un mot, sans connaissance, dans le vide de l'essentiel : l'homme éclairé par le Tao doit comprendre qu'il est dans l'Un, sans avoir recours à la pensée ou aux mots. Là est l'enseignement du *chih*.

Le *t'ien*, quant à lui, est synonyme de quiétude, de parfaite tranquillité, de paix profonde. C'est l'équivalent de la méditation silencieuse chez les bouddhistes. Lao zi en a longuement cerné les contours, affirmant au long de ses vers que la solution est dans l'oubli, dans le fait de « désapprendre » ce que l'on sait : *Celui qui cherche la connaissance apprend jour après jour. Celui qui cherche le Tao oublie jour après jour.*

La quiétude ramène l'être à sa source première, à son rythme initial, à ses valeurs les plus fondamentales et les plus essentielles. Elle lui fait également voir, lui permet d'acquérir une conscience aiguisée de la réalité et de la profondeur des choses. Elle le reconduit aux origines de la nature, dans le sein des forces créatrices de l'univers.

De retour en pleine quiétude, l'individu est dans le « non-agir » ; il existe désormais dans le « non-être », là où toute limite est abolie, où toute pensée est exclue. C'est le lieu de la paix et de la lumière, le règne de la pure nature : *Lorsqu'on connaît la parfaite tranquillité, la Lumière céleste se manifeste. Celui en qui s'allume cette Lumière céleste voit son véritable Soi. Celui qui cultive son véritable Soi atteint à l'Absolu.*[29]

La cosmologie du Tao

Avec une logique parfaite et lumineuse de sens, la notion d'absolu nous ramène à la dimension cosmique du Tao, ou plus exactement à une véritable « cosmologie »[30], qui prend dès lors

29. Chang Chung-Yuan, *in* A. Kielce, *Le Sens du tao*.

30. Cosmologie : étude, science des lois physiques de l'univers.

un sens très particulier pour qui souhaite approcher la pensée taoïste dans ce qu'elle a de plus riche et de plus authentique.

Plusieurs ouvrages suffiraient à peine à tracer les contours de l'univers tel que les maîtres du Tao ont mis plusieurs siècles à le définir, tant les nuances et les incidences de tous les éléments qui le constituent, les paramètres de toutes les influences qui en déterminent les forces, sont imbriqués et s'interpénètrent subtilement. Aussi, dans cette première approche du taoïsme que constitue le présent ouvrage, nous contenterons-nous de cerner les grandes lignes d'un système sur lequel repose toute la pensée taoïste, renvoyant ensuite le lecteur intéressé à l'importante littérature spécialisée qui existe sur ce sujet.

Avant toute chose, il est essentiel de bien avoir à l'esprit les éléments qui entrent en jeu dans la conception de l'univers selon le taoïsme. Pour ce faire, un bref rappel n'est pas inutile.

Les principes du *Yin* et du *Yang*, que nous avons évoqués précédemment, dans leur complémentarité sont en constante évolution et mutation ; à ce titre, ils prennent les formes de ce que l'on nomme les « Cinq Agents », ou encore les « Cinq Souffles », qui sont respectivement le Bois, le Feu, le Métal, l'Eau et la Terre.

On trouve dans cette évocation le chiffre 5, hautement symbolique et porteur de sens dans tous les courants de pensée en quête d'absolu – que l'on retrouve notamment, dans nombre de civilisations et approches spirituelles, pour tout ce qui concerne l'être humain (membres, sens, viscères, etc.). Mais, au-delà de la seule anecdote, cette structure quinaire englobe de la façon la plus large tout ce qui concerne l'espace-temps auquel l'homme a accès. On peut dès lors y voir l'imbrication de toutes les données et des divers plans de l'univers.

En effet, les Cinq Agents sont reliés à tout ce qui existe, depuis l'homme jusqu'aux saisons, montrant que la totalité des phénomènes humains sont en fait reliés à des phénomènes naturels. À ce titre, ils sont également associés aux différentes phases d'évolution que traverse l'homme tout au long de son existence. Les Cinq Agents se succèdent, alternent, redeviennent cycliquement prépondérants dans toute vie humaine.

À l'image de l'été qui succède au printemps, les phases s'enchaînent : l'Eau produit le Bois, le Bois le Feu la Terre, la Terre le Métal, le Métal l'Eau. Les Agents « activent » le temps, chacun d'eux présidant à une portion d'espace-temps avant de laisser place au suivant. Plus que jamais la notion de retour cyclique est ici prépondérante, la croissance portant logiquement en elle la décroissance – c'est le cycle de la destruction : Eau contre Feu, Feu contre Métal, Métal contre Bois, Bois contre Terre, Terre contre Eau –, qui elle-même engendre bientôt le renouveau.

Un Agent en supplante un autre, à la manière dont on peut concevoir une conquête ou la prise d'une place forte, bien que cela n'ait rien de dévastateur et présente en réalité toutes les caractéristiques d'une création permanente, d'une construction incessante et d'une perpétuelle évolution toujours en marche.

Les Cinq Agents en arrivent ainsi à former un véritable système de classifications spatio-temporelles, qui conduit à une définition du monde selon *cinq constellations, lignes directrices d'articulation, cinq groupes dont chacun est défini par un ensemble d'équivalences auquel préside l'un des Cinq Agents. Ainsi, le Bois, le Feu, le Métal et l'Eau partagent à leur tour le monde en quatre secteurs : respectivement l'est-printemps, le sud-été, l'ouest-automne, le nord-hiver. La terre est au centre, où elle assume la cohésion du tout. Portée sur la périphérie du cercle que forme la ronde des Cinq Agents, elle assure le passage d'un Agent à l'autre et se situe alors à la frontière qui les joint/sépare : soit au point de passage des Agents de type Yang (Bois et Feu) à ceux de type Yin (Métal et Eau), soit à la fin de chacun des secteurs, au lieu de passage de l'un à l'autre. [...] Comme le Yin et le Yang, ces Agents sont des « souffles », des principes dynamiques : chacun à tour de rôle, selon la succession des saisons ou du cours du soleil dans la journée, en son « temps » et en son « lieu », active son secteur. [...] Cet équilibre s'instaure par un jeu balancé d'alliances et d'antagonismes entre les Cinq Agents qui en fait un système autocorrecteur.*[31]

31. Isabelle Robinet, *Histoire du taoïsme, des origines au XIVe siècle.*

Par extension, les Cinq Agents en arrivent quasi inévitablement à être divinisés, tant ils paraissent présents en toute chose et se révèlent en définitive comme les fondements majeurs de l'univers.

La pensée taoïste fait de ce dernier une émanation de l'Un primordial vers la multiplicité des possibles. Tout naît dans ce rapport originel. Le monde se scinde en deux tendances antagonistes – le *Yin* et le *Yang* – que l'on retrouvera dès lors en toute chose. L'union des Deux donne le Trois... qui ramène à l'Unité de l'homme. Porté à sa plus haute valeur cosmique, l'être humain est alors situé à égale distance entre Ciel et terre, *qui le couvrent et le supportent, l'englobent, l'enfantent et le nourrissent comme père et mère*. Il s'affirme comme le relais entre eux, le médiateur qui dans le même temps les sépare et les unit. L'homme acquiert ainsi sa dimension véritable, qui le resitue dans l'unité de l'univers : l'homme, la société et l'univers procèdent bien du même Souffle, de la même organisation, d'une « construction » identique (structure fondée sur le Trois verticalement, sur le Cinq horizontalement).

On retrouve dans cet ordonnancement général, dans cette reprise à divers niveaux du même schéma organisateur, la présence du Tao en tant que « principe d'Ordre », tel que nous l'avions défini au début de cet ouvrage. Il est ce par quoi tout est non seulement lié mais se perpétue à l'identique, selon des normes évolutives communes à toutes les formes d'existence. Il s'affirme aussi bien comme le « liant » individuel, social, ou universel ; il « est » en chaque chose et par là imprime sa marque, sa présence, son ordre qui en toute logique est forcément le même de l'Un au multiple.

On peut en tirer la conclusion que le Tao, par sa capacité organisatrice à l'origine de l'essence de toute chose, est en fait la seule réalité cosmique qui soit, à la fois par sa permanence et sa dimension universelle. Quand bien même ses effets peuvent être changeants, il demeure la source de toutes les puretés, de la totalité des existences. C'est en cela qu'il est cosmique et que rien ne peut lui être supérieur ni l'englober : source de tout, il est à la fois le début et la fin ; il est l'immobile initial, mais aussi l'amorce du mouvement pour en sortir ou y ramener ; le point d'immobilité extrême dans le silence le plus pur, comme son renversement soudain pour se répandre en de multiples matérialisations… mais toujours sur la base d'une identique quiétude fondamentale.

Quoi qu'il arrive, quel que soit l'état traversé, en deçà se trouve toujours la paix, l'harmonie fondamentale de laquelle tout procède. Et, en fin de compte, il n'y a pas tant de différences entre la pensée et la non-pensée, entre l'agir et le non-agir, si ce ne sont quelques apparences vite dissipées dans la longue suite des espaces-temps.

C'est dans la cosmologie, qui depuis toujours est très ancrée au cœur de la pensée chinoise, que le Tao trouve véritablement son fondement et sa pleine expression. C'est par elle que se définissent aussi bien le chemin menant à l'éveil que les pratiques pour y parvenir. La cosmologie dessine le cadre de l'évolution pour celui qui adhère à la conception du monde taoïste.

Sur la base des Mystères dont l'origine se perd dans la nuit des temps, qui ont contribué à établir une mythologie très présente dans la société chinoise, le taoïsme a peu à peu élaboré une véritable science cosmologique, impliquant un système des énergies et des forces qui génèrent et entretiennent le monde : *[…] au début « du Ciel et de la Terre », [il y a] le Chaos primordial nommé* houen-touen *: sphère, matrice, qui contient en son sein tout l'univers à l'état diffus, potentiel et indifférencié. En lui se trouvent les Souffles* k'i, *les matières-énergies, non encore sorties du tohu-bohu, du mélange obscur. Cette matrice originelle et éternelle est cependant soumise à l'influence du Tao. Sous l'action de ce principe de temps cyclique, la matrice parvient à maturité ; elle se déchire, libérant les souffles (énergies) contenus en elle qui s'échappent et se séparent. Ceux qui sont légers, transparents, montent et forment le Ciel ; ceux qui sont lourds et opaques, la terre. Puis, à partir de cette polarité, les énergies se nouent et s'unissent au Centre, qui constitue la troisième modalité. Les Trois s'accomplissent, formant des entités composites, les « Dix Mille Êtres ». Le processus de la création se manifeste en une suite constante et arithmétique de divisions, par catégories toujours plus complexes.*[32]

32. Kristofer Schipper, *Le Corps taoïste*, éd. Fayard, coll. « L'espace intérieur », 1982.

Dans cette cosmologie, l'homme, s'il n'a pas au départ de position particulière[33] va peu à peu apparaître à l'image de l'univers et pourra ainsi trouver aisément sa place au sein de celui-ci. L'état de perpétuelle mutation, de mobilité incessante, en est également l'une des caractéristiques les plus fortes, qui contre toute attente n'est pas réductrice mais au contraire garante de sa créativité, ainsi que le synthétise parfaitement Isabelle Robinet : *C'est un monde non créé, qui s'autocrée constamment et qui se suffit à lui-même. Aussi n'y a-t-il rien à y changer, au contraire de la conception qui domine en Occident. Un monde gratuit, sans cause ni originelle ni finale, parce qu'il a en lui toutes les causes et tout de cette inutilité que chante Zhuang zi ; il laisse l'espace ouvert à tous les êtres qui s'y chargent de valeur et de sens, qu'il « sustente ».*[34]

Dans le même temps qu'il nous apparaît dans son extrême limpidité, ce système situe on ne peut plus clairement le rôle de l'homme dans ce schéma universel : l'humain est là pour apporter une touche finale, parachever l'ordre du monde. Sa fonction première rejoint celle du Tao ou du Souffle primordial qui est de donner une forme à l'univers, tout en respectant ses fondements essentiels, car une fois encore la grande leçon du taoïsme, c'est que l'homme est à l'image de l'univers, microcosme représentant le macrocosme, résumé « à l'identique » de la Totalité ; il est donc une partie du Tout, de l'Un, en constitue un maillon indispensable, sans lequel rien ne peut atteindre l'harmonie et l'équilibre.

33. « Dans cette création, l'être humain n'a pas de position particulière, sinon celle du conglomérat le plus complexe. Il incorpore toutes les énergies différenciées de l'univers, ce qui lui donne, d'après une formule taoïste ancienne de consécration du corps : *Cinq viscères et six réceptacles, sept directeurs et neuf palais, peau et veines, muscles, os, moelle et cerveau, neuf ouvertures à garder et à protéger, douze demeures pour les divinités, à gauche trois* houen *(esprits célestes), à droite les sept* p'o *(esprits terrestres), trois étages du corps, avec chacun huit lumières, constituant ensemble vingt-quatre divinités, mille deux cents projections, douze mille vibrations, trois cent soixante articulations et quatre-vingt quatre mille pores !* » Kristofer Schipper, *Le Corps taoïste*.

34. Isabelle Robinet, *Lao zi et le Tao*.

C'est pourquoi il est vital que l'homme prenne conscience du rôle qui est le sien, de cette responsabilité qui en fait un acteur potentiellement déterminant, à tout instant comme dans le vide du temps et de l'espace, de la marche du monde.

Selon le taoïsme, c'est l'organisation consciente du cosmos qui conduit l'homme vers le Tao, qui lui ouvre la voie de l'éveil et de l'illumination, qui le porte à dépasser la seule dimension matérielle de son existence. Par la méditation ou l'extase, l'homme atteint les sommets de l'épuration ; il réintègre ainsi l'essence de l'univers. C'est par ce biais, tout en cernant les contours du monde, qu'il trouve sa place, définit ses actes et son degré d'implication dans la perpétuation du monde.

C'est ainsi que l'homme atteint sa dimension proprement cosmique – en se ralliant aux forces qui créent l'univers, en oubliant et en anéantissant son moi, ce qui est la seule solution pour parvenir à une réelle sublimation de son existence. Dès lors, par cette spiritualisation intense et maximale, en servant de relais entre le Ciel et la terre – entre lesquels il ne cesse d'évoluer, de se mouvoir, de monter et de descendre selon ses aspirations et ses occupations –, en créant le « Centre » où il se place, l'homme devient véritablement cosmique (atteint la « cosmicisation »), ce qui marque son entrée – en fait, son retour – dans l'Essentiel.

5.

Cultes et rituels du taoïsme

Que ton corps soit droit,
ta contemplation une et l'Harmonie céleste viendra ;
recueille ton savoir ; que tes actes soient un,
et les esprits viendront dans ta demeure.

ZHUANG ZI, XXII.

Voyager hors du temps permet d'approcher bien des conceptions et des formes de pensée, d'en percevoir toutes les nuances et les implications, de suivre avec précision le sens des trajectoires humaines, d'apprécier l'impact des idées sur le devenir d'une communauté, ou plus largement sur l'évolution globale de l'humanité.

Le taoïsme pourrait n'avoir qu'une importance secondaire dans la longue liste des courants de pensée qui ont émergé un jour dans l'esprit des hommes avant de se répandre parmi eux. Mais il est apparu en Chine, dans les profondeurs d'une civilisation et d'un pays qui aujourd'hui, au seuil d'un IIIe millénaire aux aspirations « mondialistes », se voient auréolés d'une dimension particulière et prennent un sens nouveau.

Si le Tao est encore la référence pour tant de personnes, vingt-cinq siècles après que les premiers écrits ont figé sur le papier ses préceptes, après tant d'avatars guerriers, de sursauts politiques et historiques, c'est qu'il est l'expression, à l'évidence, d'une force, d'une authenticité et d'une signification peu communes. Il faut y voir la marque de la symbiose entre la quête spirituelle d'un peuple et les moyens qu'il se donne pour l'assumer et la nourrir.

Ce dernier aspect trouve bien évidemment sa concrétisation dans le culte et les rituels spécifiques au taoïsme, qui depuis des siècles s'attachent à transmettre un savoir ancestral, conduisant l'adepte sur le chemin de l'initiation et de l'éveil.

De la quête philosophique à la « religion taoïste »

Définir le Tao dans sa globalité, dans ce qu'il a d'essentiel, dans l'unité et la puissance formatrice du monde qu'il représente, est une chose. En cerner les applications concrètes dans la vie quotidienne en est une autre. Si dans l'absolu tout est d'une fabuleuse simplicité, il n'en va pas de même dès lors que l'on se place sur le terrain de la matérialité la plus immédiate.

De fait, pour être clair, il ne faut pas confondre « Tao » et « taoïsme ». Le Tao est à la source de toute vie, de toute matérialisation, de toute expression concrète ; le taoïsme regroupe quant à lui toutes les pratiques qui mettent en œuvre l'enseignement du Tao. Ainsi, il n'existe à l'évidence qu'un seul Tao ; par contre, on recense plusieurs taoïsmes, qui sont autant de formes spécifiques d'approche du Tao.

L'objet de cet ouvrage n'étant pas de lister de façon exhaustive les multiples nuances et tendances du taoïsme, nous ne nous intéresserons pour l'instant qu'aux deux formes d'expression qui de tout temps furent les plus représentatives du rapport entre le Tao et l'homme : le taoïsme philosophique et le taoïsme religieux.

Le taoïsme philosophique

Le *Tao-chia*[1], ou taoïsme philosophique, est celui qui depuis toujours fait référence aux textes de Lao zi et de Zhuang zi qu'il

1. *Tao-chia : Daojia* en chinois.

considère comme les fondateurs de la doctrine du Tao. Tous les autres maîtres, y compris Li Yu-k'eou (Lie-tseu) et Yang-chu, sont considérés comme leurs héritiers spirituels.

Les adeptes du taoïsme philosophique prônent une union mystique avec le Tao, qu'ils recherchent par la méditation, ainsi qu'une mise en conformité de leurs actes et de leur pensée avec les préceptes taoïstes. Très proches de la doctrine, ils considèrent que celle-ci doit être adaptée à tous les secteurs de la vie, notamment la politique.

C'est ainsi qu'ils furent les ardents défenseurs d'un taoïsme appliqué par les souverains de la Chine ancienne, leur demandant d'adopter le principe de non-agir dans leur façon de gouverner. Ces thèses furent supplantées dans les hautes sphères politiques par l'officialisation du confucianisme sous la dynastie des Han, mais trouvèrent néanmoins largement gain de cause auprès du peuple.

Ce courant devait par la suite donner naissance au néotaoïsme, sous les dynasties Wei et Chi, aboutissant bientôt à une fusion entre cette forme de taoïsme et le confucianisme. C'est également sur la base du taoïsme philosophique que le bouddhisme s'ancra en Chine pour donner naissance à l'école *Ch'an*[2].

Le taoïsme religieux

L'autre courant majeur du taoïsme est sans conteste celui qui dès l'origine a privilégié une orientation bien particulière dans son rapport au Tao, à savoir le moyen de parvenir, grâce à lui, à l'immortalité (principe auquel le taoïsme philosophique n'attache pas la moindre importance).

Le *Tao-chiao*[3], ou taoïsme religieux, contrairement au taoïsme philosophique, ne constitue pas une entité à part

2. *Ch'an* : qui va donner naissance au zen japonais.

3. *Tao-chiao* : *Daojiao* en chinois.

entière, mais résulte en fait d'une somme de variantes que l'on regroupe depuis toujours sous cette appellation. Il s'agit donc davantage d'un terme générique désignant un certain nombre de branches et d'écoles du taoïsme[4] qui virent le jour dans la droite ligne du taoïsme philosophique, non plus en référence aux textes de Lao zi et Zhuang zi mais dans la seule aura d'un Lao zi « divinisé ».

Si l'objectif fondamental du taoïsme religieux est différent de celui du taoïsme philosophique, ses méthodes s'en démarquent également très sensiblement, pour s'ancrer plus dans le concret que dans la seule approche spirituelle. Elles font en effet appel à un certain nombre de pratiques, allant de la méditation aux usages alchimiques, des exercices respiratoires à la gymnastique, en passant par des techniques sexuelles.

L'orientation spécifique du taoïsme religieux s'explique à l'origine par la nature des courants qui l'ont constitué. En plus de celui mettant en avant la pratique du Tao, on trouve en effet, à peu près à la même époque que les maîtres à penser que furent Lao zi et Zhuang zi, d'autres écoles de pensée dont la principale préoccupation était d'allonger l'espérance de vie et de rechercher l'élixir d'immortalité. Environ deux siècles avant J.-C., ce furent les *Fang-shih*, célèbres mages taoïstes, qui unifièrent tous ces courants pour en fonder un seul qui allait devenir le taoïsme religieux. Dans le même temps apparurent les divinités du taoïsme, auxquelles on voua désormais un culte assidu.

Dès lors, sous cette forme, le taoïsme descendit des sphères réservées aux seuls philosophes pour se répandre dans toute la société chinoise. Ainsi naquirent divers mouvements de masse, tous d'obédience religieuse, prônant les vertus du Tao avec pour leitmotiv habituel de conduire les fidèles jusqu'à l'illumination, à la fusion avec l'Un générateur du monde, et dans le même temps de leur permettre d'accéder à l'immortalité.

4. Les plus célèbres de ces écoles ont pour nom : l'école de l'Hygiène des divinités intérieures, *Wu-tou-mi tao* (les Cinq Boiseaux de riz), *T'ai-p'ing tao* (la Voie de la Paix suprême), *Ling-pao p'ai* (l'école du Joyau magique), *Cheng-i tao* (la Voie de l'Unité juste), *Ch'üan-chen tao* (la Réalisation de la Vérité), etc.

Vers une popularisation du taoïsme

Quelle que soit l'option à laquelle on accorde foi, il est essentiel de dissocier l'école philosophique du Tao de la religion taoïste. Si la tradition mystique des philosophes est incontestable, elle ne peut toutefois être assimilée aux pratiques magico-religieuses du taoïsme religieux qui se développa en Chine après le IIe siècle de notre ère.

En effet, il est évident que les préoccupations majeures de ces deux orientations divergent en bien des points : autant le taoïsme philosophique reste très proche de la doctrine initiale du Tao, respectant à la lettre les enseignements des deux premiers maîtres, autant la version religieuse a peu à peu fusionné avec d'autres sources, jusqu'à constituer, par le biais d'une importante littérature, un tronc commun finalement appelé *Tao-sang*, ou « Canon taoïste », composé de 1 464 ouvrages de référence.

L'un des éléments fondamentaux de cette très importante mouvance de la pensée taoïste réside dans le fait d'avoir littéralement « divinisé » le personnage de Lao zi, qui jusque-là avait déjà acquis une dimension légendaire : *Lao tseu transforma son corps. Son œil gauche devint le soleil, son œil droit la lune ; sa tête devint le mont K'ouen-louen ; sa barbe devint les planètes et les mansions ; ses os devinrent les dragons, sa chair devint les quadrupèdes ; ses intestins devinrent les serpents ; son ventre devint la mer ; ses doigts devinrent les Cinq Pics ; ses poils devinrent les arbres et les herbes ; son cœur devint [la constellation du] Dais-Fleuri ; et ses deux reins s'unissant devinrent le Père et la Mère du réel (Tchen-Yao fou mouy).* [5]

Ainsi élevé au rang d'un dieu – le Saint cosmique du taoïsme – Lao zi, désormais institué « régulateur et animateur central » de l'univers, ne peut plus guère apparaître comme le fondateur de la religion taoïste. Ce rôle est dès lors attribué à un

5. Cité par Max Kaltenmark, *Lao tseu et le taoïsme*, trad. de Henri Maspero.

dénommé Tchang Ling[6], qui aurait vécu sous le règne de l'empereur Houan[7], appris les « méthodes de Longue Vie » et maîtrisé la fabrication de l'« élixir d'immortalité ». Auteur de nombreux ouvrages religieux, Tchang Ling porta la bonne parole dans le peuple et créa la secte des Cinq Boisseaux[8] – encore appelée secte des « Maîtres célestes » – qui essaima bientôt et fit des émules dans une grande partie de la Chine, alors que sur le plan politique la dynastie des Han avait amorcé son déclin.

Au fil du temps, d'autres mouvements d'obédience religieuse verront le jour, tels les « Turbans jaunes » dans l'Est du pays, adeptes du *T'ai p'ing-tao* (« Tao de la Grande Paix, de la Grande Justice »), toujours sur le même modèle d'un taoïsme collectif – en opposition au taoïsme des maîtres philosophiques entourés seulement de quelques disciples –, fondé sur une hiérarchie de prêtres magiciens et guérisseurs, usant pêle-mêle de talismans, de la confession et de la pénitence, tout autant chefs religieux que militaires, capables de porter la bonne parole comme de gérer et d'organiser des territoires entiers.

Dès lors, dans le même temps qu'il se popularise, le taoïsme entre dans une expression nouvelle. Sous la direction d'un véritable patriarcat quasiment héréditaire, les fidèles progressent sur le chemin de l'éveil en accédant à des degrés successifs, en rapport étroit avec leur pratique religieuse. Descendu de son piédestal philosophique, ésotérique et mystique, le taoïsme prend une autre dimension, plus sociale, imprégnée de morale. Mais la tendance individuelle ne disparaîtra jamais, se faisant plus discrète dans l'ombre de cette nouvelle religion conquérant chaque jour de nouveaux adeptes.

De fait, en un paradoxe étonnant, il sera fréquent que les adeptes du Tao s'adonnent aussi bien aux pratiques du taoïsme philosophique en privé qu'à celles du taoïsme religieux en public.

6. Tchang Ling : également appelé Tchang Tao-ling.

7. Houan : empereur de Chine de 147 à 167 de notre ère.

8. Secte des *Cinq Boisseaux* : nom donné à cette secte d'après le prix de cinq boisseaux de riz que devait payer toute personne nouvellement convertie.

Rites et pratiques

Toute approche initiatique, qu'elle soit philosophique ou religieuse, repose à la fois sur une doctrine ou un fondement éthiques et sur un ensemble de rites ou de pratiques – auxquels on peut donner toutes sortes de noms – qui en permettent l'application au jour le jour dans le quotidien du disciple ou de l'adepte.

Qu'il recherche l'Illumination, qu'il souhaite s'engager sur le chemin qui mène à l'Éveil, qu'il ait besoin de baliser son existence avec des rituels religieux, qu'il aspire à l'Immortalité… en toutes circonstances, quels que soient les motifs de sa quête personnelle, l'homme a besoin d'être conseillé, guidé, éclairé, accompagné dans sa démarche d'évolution personnelle, éduqué dans les moyens de parvenir aux objectifs qu'il s'est fixés dans le respect de sa liberté et de son identité.

Les rites et pratiques inhérents aux différentes formes de taoïsme répondent naturellement à ces attentes, anticipent les besoins propres à toute recherche intellectuelle et spirituelle, laissant à chacun le soin de déterminer son degré d'implication dans tel ou tel système de pensée.

Avant d'aborder plus particulièrement les divers aspects de la pratique du taoïsme, il est important de s'arrêter un instant au sens fondamental et primitif de celle-ci, toujours en rapport avec l'essence du Tao.

En effet, quand bien même on s'éloigne plus ou moins dans les faits – dans les concrétisations journalières de notre univers matériel – de la notion première du Tao en tant qu'élément fondateur de chaque chose, il n'en demeure pas moins incontournable de concevoir toute initiation, toute pratique rituelle, tout activité cultuelle « en fonction » du Tao.

En d'autres termes, tout tourne autour du fait que chaque individu possède en lui l'Origine de son être propre… mais que cette dernière est également celle du reste du monde : au-dedans du corps humain se trouvent les trois Souffles primordiaux qui sont à l'origine du monde. Cela signifie que l'homme possède en son for intérieur la matrice de toute la création de l'univers.

Dès lors, tous les exercices, tous les rites, toutes les pratiques, tous les éléments de culte vont avoir un seul et même objectif : entretenir, conserver, garder cette Source vitale ; tout faire pour la concentrer, l'empêcher de s'enfuir hors du corps, d'abandonner son habitacle humain.

Le Tao est très clair à ce sujet : il n'est d'autre solution pour l'homme que de revenir à l'origine. Toutes ses pensées, tous ses actes doivent être dirigés dans ce sens. L'accomplissement et l'harmonisation totale ne peuvent se concevoir qu'en un retour dans le sein du Tao : ainsi que l'ont démontré et le démontrent à longueur de temps tous les maîtres et les sages, là est le Salut.

C'est la raison pour laquelle, dans les rites et pratiques qu'il va mettre en œuvre personnellement, ou auxquels il va participer, l'adepte aura toujours pour objectif final de revenir à la source primordiale qui est en lui. À cet effet, inversant son flux générateur d'énergie, il tournera toute sa conscience vers l'intérieur de lui-même, à contre-courant du flux habituel propre à tout être vivant en société ; c'est à l'intérieur de lui qu'il ira chercher toutes les réponses à ses questions, toutes les solutions pour combler ses attentes.

Délaissant le monde où tout évolue dans le sens Unité-multiplicité, l'adepte du Tao fera marche arrière, revenant du multiple vers l'Un, remontant à la source de toutes les créations, *retournant à son village*, comme disaient les anciens maîtres taoïstes :

Purifiez votre corps et retournez au Souffle Un,
Purifiez votre souffle et retournez au Vide,
Alors vous serez uni au Tao,
Vous disparaîtrez dans le Sans-Forme merveilleux,
Vous transformerez indéfiniment,
Serez caché ou manifesté de façon insondable,
Et serez appelé un Homme véritable. [9]

9. Cité dans Isabelle Robinet, *Lao zi et le Tao*.

Et c'est bien là, dans cette démarche toute intérieure, que le Tao trouve sa véritable dimension, son originalité indiscutable. Car dès lors qu'il va plonger en lui-même, quelle que soit la pratique mise en œuvre, le taoïste va devenir essentiellement créateur, non plus seulement d'une trajectoire à l'extérieur de son corps comme auparavant, mais de lui-même, retrouvant sa pureté originelle et son unité primitive, se reconnectant avec « sa » source… qui est aussi la source de toute chose et de l'univers. C'est en cela, et uniquement par ce biais, qu'il lui sera possible d'atteindre le Tao.

Au lieu de détendre le ressort cosmique en un mouvement tourné vers l'extérieur, l'adepte va devoir apprendre à le retendre vers l'intérieur, se recentrant ainsi dans le vide primordial. Car faire le vide, immobiliser toutes les pensées, c'est accéder au silence et à l'immobilité originels : *Dans cet instant de quiétude immobile, les dix mille soucis sont anéantis, les fleuves et les mers sont immobiles et silencieux, montagnes et monts enclosent leurs vapeurs, le soleil et la lune arrêtent leur lumière, la Grande Ourse ne tourne plus, les huit artères retournent à leur source, il n'y a plus de respiration et l'on s'enfonce profondément dans la Ténèbre obscure ; on ne sait plus que le Ciel est le dais et la Terre le plancher, et on ne sait pas non plus qu'il y a des hommes dans le monde.*

La purification préparatoire

Pour revenir à l'origine de l'homme et du monde, quelle que soit la voie qu'il emprunte, le taoïste va devoir se placer dans un certain état – mental et physique – correspondant à des normes très précises. Il doit premièrement se soumettre à des rites de purification morale et physique qui le conduisent notamment à prendre ses distances vis-à-vis de toute personne ne suivant pas une démarche identique à la sienne. Le retour au Tao demande solitude et paix intérieure. De plus, cela ne peut se faire sans l'aide des dieux, ce qui demande un isolement relatif.

En effet, aucune pratique taoïste ne peut être mise en œuvre sans une cérémonie préliminaire destinée à demander l'assistance des dieux dans le rite qui va être accompli. Ceci ne peut tolérer une présence annexe et encore moins de quelconques spectateurs qui douteraient de l'efficacité de ces pratiques.

L'adepte doit donc premièrement retrouver le contact avec ses dieux intérieurs, rompre momentanément tout lien avec l'extérieur et se concentrer, en toute quiétude, en son interne le plus profond. C'est pourquoi chaque rite est précédé de l'instauration symbolique d'une « aire sacrée » – un espace protégé par des animaux sacrés – dans laquelle le contact avec le Tao va pouvoir s'établir.

On prend également en compte les rythmes cycliques de l'inspir et de l'expir de l'Univers, qui sont régis par le *Yin*, le *Yang* et les Cinq Agents. Or on sait que le *Yang* régit le « souffle vivant » qui va de minuit à midi : c'est à l'évidence la période la plus propice pour accomplir un rite taoïste.

De même, toutes les divisions du temps dans l'année (saisons, solstices…), étroitement liées à la position des astres dans le ciel, sont à prendre en compte, déterminant avec une redoutable précision les jours fastes ou néfastes, d'équilibre des forces ou de déséquilibre, pour entreprendre telle ou telle action rituelle.

Il existe ainsi, depuis fort longtemps, une codification complète relative à la mise en œuvre des rituels taoïstes, à laquelle tout croyant sincère se garderait bien de déroger.

C'est le Souffle cosmique qui rythme aussi bien la vie profane de tous les jours que les manifestations cultuelles ou les rites quotidiens. Par essence, le calendrier taoïste est donc sacré. De tout temps l'almanach traditionnel des Chinois a d'ailleurs été une référence indispensable à la bonne conduite des activités personnelles et professionnelles comme à chacun des actes liés à la religion. Tout changement de cycle induit des conséquences dans les différents lieux de l'univers comme sur la Terre et dans le Ciel, ou même dans le corps de l'homme.

Les rites taoïstes se calquent sur cette classification des jours, des mois et des saisons, mais aussi des moindres événements et manifestations méritant une fête ou un culte, avec une grande rigueur. C'est ainsi que le calendrier chinois est depuis toujours l'un des plus complexes qui soient, tant les données multiples qu'il répertorie sont nombreuses et s'imbriquent sur différents niveaux de compréhension avec une logique difficilement perceptible pour les non-initiés.

Il en va de même pour les nombreuses fêtes qui parsèment ledit calendrier, toutes plus symboliques les unes que les autres. On connaît bien sûr les plus célèbres, à savoir le nouvel an et le « Salut universel », qui coupent l'année en deux moitiés égales, la première dédiée au Ciel, la seconde à la Terre, mais il en est une kyrielle d'autres, nationales ou locales, communautaires ou même familiales, qui pour la plupart sont liées au calendrier lunaire et ont une signification religieuse.

Dès lors que l'adepte s'est isolé, que l'aire sacrée est symboliquement tracée, vient le moment d'accomplir véritablement le rite. Afin de parfaire la mise en état initiale, on peut avoir recours à certaines drogues, végétales ou minérales, qui renforcent par leur action le détachement de l'individu vis-à-vis du monde extérieur. De fait, depuis toujours, les taoïstes, dont certains furent (et sont encore parfois) guérisseurs et chamans, ont développé une grande connaissance des herbes et de la médecine, ce qui leur valut notamment d'avoir en charge, à maintes reprises, le traitement médical de certains empereurs chinois.

Les herbes concernées sont généralement peu courantes, plutôt considérées comme miraculeuses et liées à des pratiques magiques. Quant aux minéraux employés pour confectionner ces breuvages, ils se résument à quelques minerais connus : la malachite, le soufre, le mica, le salpêtre, l'orpiment.

La plupart de ces drogues jouent un rôle majeur dans ce que l'on nomme génériquement les « pratiques de Longue Vie » et la recherche de l'élixir d'immortalité.

Le rite taoïste

Le rite taoïste inhérent à une approche religieuse du Tao prend différentes formes selon qu'il est individuel ou collectif, pratiqué à la maison ou dans un temple. Si la démarche reste globalement celle que nous venons de décrire, les modalités d'application en sont parfois très nuancées en fonction du lieu, du moment, de l'objectif recherché par la ou les personnes concernées.

Aux premiers temps du taoïsme religieux, la foi est si présente dans la vie quotidienne qu'il y a un autel dans chaque maison, un temple dans chaque quartier et chaque village, même parmi les plus pauvres. Par leur grand nombre, leur gestion monastique et leur financement communautaire, les temples sont véritablement l'expression d'une religion populaire. Que ce soit dans les *ta-miao* (grands temples) ou les *sia-miao* (petits temples), l'architecture est à la fois fonctionnelle mais aussi l'expression métaphorique et symbolique d'une dimension cosmologique propre au Tao. Chaque détail y a un sens, une orientation, répond à une logique particulière : *Les temples sont souvent faits à l'image du monde. Ils sont orientés : leur porte principale s'ouvre vers le sud ; de chaque côté de cette porte, on trouve souvent les images du Dragon vert et du Tigre blanc, emblèmes de l'Est et de l'Ouest. Au centre et à l'intérieur, il arrive qu'une coupole soit aménagée à l'image de la voûte céleste, la base du temple étant carrée à l'image de la Terre. À l'extérieur, le toit imite une montagne sainte, paradis où habitent les Immortels et dont la cime touche au firmament.*[10]

Le *miao* (temple) est un lieu ouvert à tous sans aucune distinction, aussi bien hommes que divinités. C'est d'une « maison commune » au vrai sens du terme dont il est question, dédiée à la rencontre, à la discussion, à la réunion de tous. Par le culte et les différents rites, on y rend hommage au Ciel, à la Terre ainsi qu'à la divinité principale désignée comme tutélaire du lieu.

Autour du brûle-parfum, objet chargé de tous les symboles, orné du nom de la communauté et de la date de sa fondation, se développe toute l'institution du « partage de l'encens », qui depuis toujours se perpétue et se transfère d'un brûle-encens à

10. Kristofer Schipper, *Le Corps taoïste*.

un autre, le lien de parenté de toutes les communautés par les cendres étant hautement significatif d'une unité non seulement religieuse et cultuelle, mais aussi économique et culturelle.

Le k'o *et la tradition du culte taoïste*

Le taoïsme religieux a su très vite imposer une liturgie[11] très précise quant aux règles à suivre par les adeptes. Elle se présente sous la forme d'un système global appelé *fa*, à l'intérieur duquel les individus sont rassemblés par groupes et s'adonnent au *k'o* (rituel) en fonction de leur classe et de leur rang.

Étymologiquement parlant, *k'o* signifie « mesure de grains » ; or ce terme est également synonyme de *téou*, qui veut dire « boisseau », nom donné notamment à la constellation de la Grande Ourse, dont on sait qu'elle joue dans l'astrologie chinoise le rôle de « régisseur du Destin », qu'elle est partout présente dans les rituels taoïstes, et que c'est le nom donné symboliquement au centre du corps, à la matrice d'où est issue toute vie.

Or le rapport du rituel (*k'o*) au boisseau (Grande Ourse) est constant et va déterminer tous les actes du culte. Sans s'étendre sur les arcanes complexes de la liturgie taoïste, il faut en effet savoir que *la Grande Ourse est le siège de la bureaucratie céleste, l'emplacement de la Grande capitale Mystérieuse, de ses ministères et de sa chancellerie. C'est en tant que délégué de ces instances que le Dignitaire du Tao exerce ses fonctions. Celles-ci sont nombreuses : le Tai-che est le représentant des instances divines et de la norme universelle à toutes les échéances de la vie : naissance, puberté, mariage, décès... ainsi qu'à toutes les occasions de la vie publique, car il sait lier et dénouer, faire passer et intégrer tous les êtres dans l'espace du tao.*[12]

11. Liturgie : culte public et officiel institué par une Église.

12. Kristofer Schipper, *Le Corps taoïste.*

Le *Tai-che* (maître) officie soit à son domicile, grâce à un *Tao-t'an* (autel du Tao), soit dans l'enceinte d'un temple. Il reçoit individuellement ceux qui viennent à lui pour exposer leur situation et demander une intervention divine, ou bien conduit les cérémonies de groupe à caractère plus officiel. Dans le premier cas, après avoir entendu le discours du mandant, le maître lui remet un *fou*[13] par lequel il diffuse sa propre énergie pour aider la personne dans le besoin. Le rite se termine généralement par une imprécation criée à l'adresse des forces négatives et des démons qui peuvent entourer le consultant ; après quoi le maître aspire une gorgée d'eau lustrale[14] et la vaporise au visage de la personne qu'il a aidée.

Dans tous les cas, l'intervention du maître est destinée à compenser un principe vital déficient, une rupture d'harmonie essentielle chez la personne qui vient consulter.

Il existe ainsi un grand nombre de rituels, classés en fonction de l'importance du problème qu'ils sont censés résoudre et du nombre de personnes qu'ils concernent. Au-delà des pratiques individuelles ou des petits rites, on trouve également le grand rituel, qui s'adresse à une communauté tout entière, à un groupe important de personnes. On distingue les services pour les actes importants de la vie quotidienne, depuis la naissance jusqu'aux funérailles, mais aussi pour honorer la mémoire des ancêtres ou encore certains dieux.

La plupart des services de grande envergure nécessitent une organisation particulière ; ils sont généralement complexes et longs, multiplient les rites et ne peuvent débuter sans la création symbolique dans le temple d'une « aire sacrée ». Leur schéma de déroulement répond généralement à une suite logique en quatre parties : les rites d'installation de l'aire sacrée, les rites

13. *Fou* : signe symbolique et hermétique, tracé à l'encre rouge sur une bande de papier jaune, qui est censé être le nom divin d'une énergie particulière et aura désormais valeur de talisman pour son porteur.

14. Eau lustrale : mélange des cendres d'un talisman et d'une eau « imprégnée » de formules incantatoires.

destinés à l'obtention des « mérites » (rites du jeûne), les rites de communion et d'alliance (rites d'offrande), les rites de dispersion de l'aire sacrée.

On retrouve traditionnellement ces quatre articulations rituelles dans tous les *k'o*, quel que soit leur niveau d'importance : *L'installation de l'aire sacrée [...] s'accompagne d'actions représentant la création du monde. En partie de façon visible, en partie [...] de manière invisible, un univers complet, un modèle parfait du monde se crée, où s'intègrent tous les systèmes cycliques et catégories du continuum spatio-temporel. L'aire sacrée est elle-même une mise en carte du « Ciel », une boussole ou, si l'on veut, un mandala.*

La partie Jeûne, tchai, *du rituel représente la déambulation, la randonnée, le parcours à effectuer dans ce monde clos ; une accumulation par l'accomplissement de nombreux cycles, de forces transcendantes.*

L'Offrande, tsiao, *est une fête d'alliance avec toutes les puissances : le banquet consiste en libations de vin et en présentation de viandes cuites ou séchées. [...] pour les divinités d'un panthéon purement abstrait, ces offrandes sont remplacées par des substituts, viandes modelées en pâte et eau sucrée à la place du vin.*

La Dispersion de l'aire sacrée est marquée par l'oblation du modèle cosmique, représenté par les Écritures Sacrées. On détruit, soit par le feu, soit par d'autres moyens – immersion, ensevelissement –, les talismans en écriture « spontanée » qui ont servi à l'orientation et à la détermination de l'aire. L'autodafé comprend encore les documents et inscriptions qui ont marqué l'emplacement de chaque divinité sur le pourtour de l'enceinte de l'aire.[15]

On nous pardonnera la longueur de cette citation, qui donne cependant une idée claire et précise de l'enchaînement des diverses parties d'un rite, que l'on retrouve quasi immuablement à tous les niveaux du rituel taoïste.

15. Kristofer Schipper, *Le Corps taoïste*.

Les pratiques individuelles

L'adhésion à la conception de l'univers selon le taoïsme induit pour chaque individu une pratique constante de tous les actes qui peuvent le rapprocher du Tao, que ce soit en public ou en privé. Nous avons vu qu'au sein de la communauté les occasions ne manquent pas de partager avec les autres les marques de respect aux nombreuses divinités.

Pour ce qui est du domaine privé, le croyant dispose là aussi d'un grand nombre de possibilités pour donner à sa foi un sens et une expression des plus concrets. Les plus courantes sont la méditation, la randonnée spirituelle, le yoga, la pratique de « Longue Vie ».

La méditation

Un ouvrage complet ne suffirait pas à recenser les types de méditation qui depuis maintenant plus de vingt siècles servent de support à la recherche des taoïstes dans leur quête d'absolu. Au fil du temps, un nombre infini de nuances, d'adaptations, d'évolutions ont peu à peu enrichi – quelquefois aussi « détourné » – les pratiques des premiers maîtres. Mais en tout état de cause, par-delà les affres du temps, la ferveur du pratiquant reste la même… pour la bonne raison que son rapport à l'inconnu et sa volonté de retour au cœur du Tao sont demeurés identiques.

La méditation est particulièrement adaptée au souhait du taoïste d'inverser son flux d'énergie et de porter son propre regard à l'intérieur de lui-même plutôt qu'à l'extérieur. La méditation permet en effet d'augmenter la concentration nécessaire au contrôle du « souffle » qui anime le corps. Par la vision interne que développe la méditation, le pratiquant suit le souffle dans toutes les parties de son corps ; il peut ainsi entrer en contact avec les esprits et les divinités qui généralement habitent le corps de l'homme.

De nombreux textes très anciens recensent ces rapports entre chaque organe, chaque partie de l'anatomie humaine et des divinités célestes, ce qui s'explique parfaitement si l'on considère effectivement que le corps de l'homme, en tant que microcosme, existe à l'identique du macrocosme universel.

L'usage de la méditation s'est répandue chez les taoïstes lorsque ceux-ci comprirent que les réponses à toutes leurs questions n'étaient pas hors du monde, loin de la société des hommes, dans les forêts et les montagnes où s'exilèrent les premiers maîtres ermites, mais à l'intérieur de l'homme. Il suffisait dès lors de développer des techniques d'introspection ramenant l'individu à la source première de toutes les créations, à l'Un se trouvant en lui.

Car du point de vue taoïste la méditation n'a pour but, pour effet et pour action que de concentrer, garder, conserver l'Un au-dedans de l'homme : l'Un du Ciel, l'Un de la terre et l'Un suprême. Pour ce faire, il faut retrouver ce que l'on nomme la « lumière intérieure », qui de tout temps, dans toutes les civilisations, a été assimilée à l'essence de la vie. Et, de fait, la plupart des exercices religieux taoïstes sont accompagnés non seulement d'ablutions purificatrices et d'abstinence, mais aussi de méditations plus ou moins élaborées selon le contexte et l'objectif recherché.

La méditation a pour objet de ramener l'homme au silence, de rassembler l'esprit et toutes les pensées dans une seule et même direction, celle du vide intérieur. Il n'y a plus alors qu'une chose qui compte : contenir, concentrer, accumuler l'énergie cosmique. Le plus souvent, quelles que puissent être les nuances entre les innombrables méditations, cette concentration s'opère grâce à une méthode de respiration qui allonge les différents rythmes dont elle est composée.

La maîtrise du corps, de la pensée, conduit à une clarification de la conscience et ramène l'individu aux sources de lui-même. Oublier le corps, s'immerger dans le silence, fluidifier la circulation du Souffle dans tous les organes, détacher le mental du physique sont autant d'étapes indispensables au retour vers le Tao. Oubliant les impératifs de la matière, l'homme renoue avec l'Origine, avec sa propre dimension cosmique et la réalité de son être le plus intime. Alors que s'estompent les contours de la matérialité émerge la silhouette vibrante de l'individu en tant que pure Énergie, Essence fondamentale.

La méditation taoïste trouve souvent ses origines dans les pratiques chamanistes, dont les origines fort lointaines restent mystérieuses. Elle a fréquemment un aspect « visionnaire » qui, dans la recherche et l'approche du cosmique, du divin, conduit le pratiquant jusqu'à des états de conscience avancés. Il peut ainsi visiter des sphères éthérées, des mondes immatériels à mi-chemin entre l'univers physique et les spéculations purement mentales.

En « décollant » du corps, l'homme se spiritualise et accède aux secrets de l'univers ; il entre ainsi en connexion directe avec les différents niveaux d'expression de l'Essence divine : spirituel, imaginatif, corporel.

Les « randonnées spirituelles »

Dans la droite ligne et en parfaite continuité avec les différentes formes de méditation, les « randonnées spirituelles » sont une autre forme de retour au sein du Tao. Elles consistent en un envol du pratiquant – par le biais de guides tels que talismans, sons ou cartes appropriés – dans cet univers en modèle réduit qu'est son corps. Il peut ainsi voyager dans toutes les contrées du monde… tout en ne sortant pas de ses propres limites corporelles, et qui plus est du lieu matériel où il se trouve :

Sans franchir sa porte,
on connaît le monde entier.
Sans regarder par sa fenêtre,
on voit la voie du ciel.
Plus on va loin,
moins on connaît.
Le saint connaît sans voyager,
définit sans voir,
accomplit sans agir. [16]

Le taoïste intègre ainsi, instantanément, la dimension cosmique la plus totale. Il y découvre les rythmes secrets de l'univers,

16. *Tao-tö-king*, XLVII.

trouvant en cette « marche dans le vide » une jouissance, une pureté et une connaissance extrêmes. Il accède à la révélation de sa propre divinité, de son essence fondamentale, à nulle autre comparable, source de l'Illumination.

C'est d'un véritable « voyage » qu'il est question, d'une randonnée éminemment spirituelle de l'esprit, quand bien même la légende prétend que Lao zi avait la capacité de « chevaucher le vent ». Parvenu à identifier son rythme à celui du cosmos, le taoïste peut désormais déambuler dans les sphères les plus élevées, hors du temps et de l'espace, se laissant porter avec ivresse par les forces du *Yin* et du *Yang*, participant ainsi au Grand Œuvre du mouvement perpétuel de l'univers. Il erre dans des contrées fabuleuses, aux influences les plus bénéfiques, et surtout il reçoit en ces lieux tous les effluves du souffle cosmique, telle une « nourriture d'immortalité ».

Dans un dépouillement total, détaché de toutes les contingences humaines, il devient ainsi pur esprit et retrouve avec plénitude sa dimension primordiale.

Les différentes formes de yoga

Dans la plupart des cas, les méditations taoïstes sont assez proches des pratiques de yoga, en ce sens qu'elles allient une technique de la posture à des approches respiratoires.

Différentes formes sont utilisées selon le but recherché. Il peut s'agir d'un yoga essentiellement intérieur, ne reposant que sur une pratique respiratoire d'une grande précision, d'un symbolisme et d'une subtilité non moins rigoureux. Dans bien des cas, on trouve de nombreuses similitudes entre ce type de yoga et le *kundalini-yoga* des hindous qui fait référence aux sept sources d'énergie (chakras situés le long de la colonne vertébrale) qu'il faut tour à tour activer et régénérer pour que la fusion des énergies s'y accomplisse en pleine harmonie avec les forces de l'univers.

Dans d'autres cas, on peut avoir recours à la méthode d'un yoga sexuel qui se pratique à deux et consiste en un échange sexuel dépouillé de toute idée de luxure, impliquant une continence séminale rigoureuse. En d'autres termes, il est hors de question de laisser s'échapper le fluide sexuel hors du corps du pratiquant, mais au contraire, une fois mêlé à celui de la partenaire, en l'empêchant de s'épancher à l'extérieur, on doit le faire remonter dans le cerveau pour y accumuler ainsi l'énergie cosmique[17].

Les pratiques de « Longue Vie »

On l'aura compris, toutes les pratiques individuelles taoïstes relèvent d'une savante alchimie intérieure qui, d'une manière ou d'une autre, a pour objet final de conduire le pratiquant, par une maîtrise totale, à un retour harmonieux dans le sein du Tao. Car c'est là, hors de toute matérialité, revenu à l'Essence primordiale des choses, hors du temps et de l'espace, que l'homme accède véritablement à la dimension cosmique, à savoir l'Immortalité : *La méthode de garder la lumière de l'Un est la base de l'art de la Longue Vie. Elle permet de chercher les divinités et de les faire sortir du séjour de la lumière éclatante. Quand on garde la lumière de l'Un, dès que l'on aperçoit comme une flamme naissante, il faut aussitôt en garder l'image présente sans la perdre un instant. Au début, elle est toute rouge ; puis elle devient blanche, et à la longue elle devient toute verte. C'est une clarté qui semble se répandre très loin, toujours plus loin. Mais il faut la ramener pour l'unifier : à l'intérieur, tout sera illuminé. Cela élimine toutes les maladies ; si on la maintient sans défaillance, on peut dire que c'est l'art de vivre dix mille années.* [18]

De tout temps, les pratiques de « Longue Vie » ont ainsi conduit les hommes à rechercher l'élixir d'immortalité qui leur donnerait accès à la vie éternelle. C'est d'ailleurs une spécificité du taoïsme religieux que d'avoir introduit dans ses rituels des paramètres liés à la survie du corps physique, le taoïsme philosophique se situant pour sa part au-dessus de préoccupations si matérielles.

17. Dans la Chine ancienne, on entourait ainsi la base du pénis de l'homme d'un anneau d'ivoire ou de jade suffisamment serré pour qu'il puisse pratiquer le yoga sexuel toute la nuit sans risquer de perdre son précieux fluide.

18. Texte intitulé *Cheou yi ming fa* (« Comment se concentrer sur la lumière de l'Un »), tiré du *T'ai-ping-king*, cité par Max Kaltenmark, *Lao tseu et le taoïsme*.

De fait, l'adepte s'évertue par de telles pratiques à conserver en lui, aussi longtemps que possible et de toutes les manières traditionnelles, le souffle et les énergies de vie, se contentant d'expulser les principes de mort. Il est clair, dans cette optique, que c'est la vitalité qui crée l'immortalité ; l'entretenir est donc un gage de survie. Or nous avons vu à maintes reprises que le Tao est inépuisable, indestructible, à la source de toutes les créations. En conséquence de quoi on cherchera d'une part à s'« économiser » de toutes les manières possibles et d'autre part à se maintenir au plus près de l'état idyllique du Tao.

Ces pratiques liées à l'immortalité seront tellement prisées dans les diverses époques du taoïsme qu'en certaines occasions elles seront même dévoyées, quelquefois augmentées de pratiques magiques peu en rapport avec l'esprit initial d'une quête originellement spirituelle et religieuse (non fondée sur un quelconque profit « matériel », fût-ce en termes de « survie du corps »).

Dans le *Tao-tö-king*, Lao zi est très explicite sur la manière de conserver la vie, ce qui signifie symboliquement rester immortel :

[...] J'ai ouï dire que celui qui sait se ménager
ne rencontre ni rhinocéros ni tigre
lorsqu'il voyage par la terre
et qu'il ne porte ni cuirasse ni armes
lorsqu'il pénètre au sein de l'armée adverse.
Le rhinocéros ne trouve pas d'endroit où l'encorner.
Le tigre ne trouve pas d'endroit où le griffer.
L'arme ne trouve pas d'endroit où le percer.
Pourquoi cela ?
Aucun endroit sur lui ne s'ouvre pour la mort. [19]

Ou encore :

[...] Connaître l'harmonie, c'est connaître le constant ;
connaître le constant, c'est l'illumination.[20]

19. *Tao-tö-king*, L.

20. *Tao-tö-king*, LV.

Les pratiques de « Longue Vie » vont donc consister à maintenir l'énergie en l'homme par tous les moyens et toutes les méthodes jugés appropriés par la tradition. Il peut s'agir aussi bien de travailler la souplesse qui évite tous les chocs, d'entretenir une non-résistance à toute épreuve, de se murer dans une sagesse de tous les instants qui affiche un non-agir permanent, de développer une « élasticité » permettant d'éviter tout heurt tant dans le quotidien que dans les occasions exceptionnelles, de contenir et réglementer en permanence sa respiration pour en retenir les énergies les plus essentielles.

En résumé, cela revient à proscrire tout ce qui ressemble de près ou de loin à une « déperdition de vie », à une perte d'Essence vitale qui ne serait jamais compensable. C'est faire référence à un capital d'Énergie cosmique qu'il ne faut surtout pas entamer si l'on souhaite rester physiquement en vie.

L'autre idée majeure qui préside à la notion de « Longue Vie » et aux pratiques qui y sont liées est que le corps humain est porteur d'un certain nombre d'ouvertures, dont chacune peut laisser échapper l'énergie vitale ; on s'attachera donc à colmater ces ouvertures, à en contrôler le passage, afin que l'essence divine contenue dans le corps ne s'en échappe pas, mais au contraire s'autoalimente, s'autoaugmente en circuit fermé à la source inépuisable du Tao que chaque être contient en lui.

Dans le même temps, on ne fera pas de quartier face à tout ce qui ressemblera à une énergie négative, immédiatement associée à des démons, qui, par contre, devra être expulsée au plus vite. Ce sera notamment le cas des trois « démons cadavériques », qui attaquent respectivement les yeux et la tête, le ventre et les entrailles, enfin les reins et la moelle, que l'on combat en s'abstenant de toute nourriture ordinaire (céréales, viandes, vin, plantes...).

Ce dont il s'agit en fin de compte, avec ces méthodes, n'est rien de moins qu'une régulation des énergies : en gardant et en bonifiant les positives, en se débarrassant des négatives, on rétablit le Souffle primordial qui seul permet à la vie de se perpétuer, sur la Terre comme dans tout l'univers. Aux techniques du Souffle s'ajoutent généralement quelques exercices de gymnastique et une foule de conseils sur la diététique la mieux appropriée au respect des courants internes et à l'entretien de l'harmonie du corps comme de l'esprit, à l'équilibre fondamental du *Yin* et du *Yang*.

Il faut ajouter à ces techniques purement physiques une approche à proprement parler « alchimique » de l'immortalité, qui tend à conférer à ceux qui en maîtrisent les arcanes le pouvoir de ce que l'Occident a nommé la « pierre philosophale ». Il existe en effet de nombreux travaux sur la recherche de l'élixir d'immortalité, qui tous tendent à l'élaboration de breuvages et autres « drogues de Longue Vie » – à base d'herbes fantastiques et miraculeuses, de métaux aux pouvoirs mystérieux, de symboles connus des seuls initiés – ayant pour fonction, dans un contexte global de méditations et de prières, d'affirmer la présence du *Yin* comme du *Yang* et d'accroître la vitalité.

Selon la tradition, ce sont là les seuls moyens pour ramener le corps à sa dimension cosmique et lui redonner sa valeur divine que la matérialité a peu à peu gommée. Purifier le corps de l'homme, c'est nettoyer la demeure des esprits et des énergies, afin que la vie s'y perpétue à jamais, source régénérée de l'Univers.

Dès lors, l'homme devient bel et bien l'un de ces Immortels dont la tradition vante depuis toujours les mérites, pour avoir su dépasser leur condition bassement humaine et s'élever, se maintenir à jamais au rang des dieux, en cet apothésose résumé par la phrase taoïste consacrée : *Monter au ciel en plein jour.*

Troisième partie
L'IMPACT DU TAOÏSME

[…] le Tao est grand.
Le ciel est grand
La terre est grande.
L'homme est grand.
C'est pourquoi l'homme est
l'un des quatre grands du monde.
L'homme imite la terre.
La terre imite le ciel.
Le ciel imite le Tao.
Le Tao n'a d'autre modèle que soi-même.

TAO-TÖ-KING, XXV.

S'engager sur les voies lointaines et méconnues du passé, en un voyage aux accents de quête extraordinaire, peut sembler ne répondre qu'à un désir de sensationnel, à une curiosité légitime pour un autrefois quelque peu gommé par l'espace et le temps.

Mais il en est tout autrement dès lors que l'on s'intéresse à un courant de pensée fortement ancré dans les racines d'une civilisation au point de contribuer à forger son âme pour les temps à venir. Le simple intérêt prend alors des accents autrement vibrants. Les images et les faits qui défilent devant nos yeux, qui emplissent soudain notre conscience et nourrissent notre connaissance, bien plus que passagers se muent en autant de traces indélébiles, faisant de nous, par notre seul regard ébahi et admiratif, les témoins non seulement d'*un temps dans un espace*, mais plus simplement de l'histoire.

Car c'est bien ce dont il s'agit si l'on considère la portée du taoïsme dans les siècles qui succèdent à son émergence au cœur de la Chine ancienne. Au-delà d'un courant de pensée parmi tant d'autres, de préceptes philosophiques traçant la voie d'une éthique épurée, d'une existence particulière, d'une religiosité s'accommodant à sa manière d'idées originellement profanes, c'est en réalité d'une véritable « lame de fond » de la pensée qu'il est question.

Certes, le taoïsme ne restera pas en permanence sur le devant de la scène publique et politique ; il sera parfois évincé ou éclipsé, discret ou caché, vilipendé ou porté aux nues ; mais désormais, dans la Chine ancienne – puis dans celle plus moderne qui viendra après elle –, il faudra compter avec lui – et dans bien des cas compter *sur* lui – pour tenir le cap de l'évolution et ne pas laisser la civilisation chinoise se perdre dans des outrances coupables à la mesure de son immensité.

6.

Le taoïsme dans la Chine ancienne

Cessez toute pensée.

LAO ZI

Le glissement progressif du taoïsme philosophique vers le taoïsme religieux, sans pour autant que le premier disparaisse totalement, marque la transition vers des temps nouveaux. Les concepts éthérés des premiers maîtres se voient bientôt dépouillés de leur mysticisme ésotérique et gagnent ainsi les faveurs du peuple chinois. Sur fond de religion, un nouveau courant de pensée vient de naître – ou plutôt de s'affirmer, car il couvait déjà dans les esprits depuis longtemps. C'est désormais l'histoire qui va lui donner ses lettres de noblesse.

Le mouvement est d'une telle ampleur et d'une telle richesse, trahissant un foisonnement incessant de nouvelles tendances et de nuances subtiles, qu'il serait présomptueux de prétendre les survoler dans cet ouvrage. Aussi nous contenterons-nous de situer dans le temps quelques points de repère mettant en lumière l'évolution du taoïsme au fil des siècles.

Durant le Ier siècle de notre ère, *l'école de l'Hygiène des Divinités Intérieures* se partage le devant de la scène avec plusieurs mouvements de masse, qui tous se réclament des maîtres fondateurs du taoïsme. C'est cet ensemble de courants, parfois hétéroclites, auquel on donne le nom générique d'Église taoïste.

Il faut attendre le début du IIe siècle pour voir Chang Tao-ling fonder le taoïsme des *Cinq Boisseaux*, dont les adeptes se réfèrent en droite ligne à Lao zi et au *Tao-tö-king* et dont les principaux dirigeants sont appelés *T'ien-shuh* (Maîtres Célestes).

Quelques décennies plus tard, Chang Chüeh fonde à son tour *l'école de la Paix suprême*, dont les adeptes sont baptisés « Turbans jaunes ».

Ces deux écoles, par l'usage de talismans, de médecines pour guérir les maladies, de cérémonies collectives, rencontrent un vif succès populaire.

On sait quelle importance les taoïstes accordent à ce qu'ils nomment l'alchimie intérieure. Pour mémoire, c'est en 140 que Wei P'o-yang compose un ouvrage intitulé *Chou'i ts'an-t'ung-ch'i* (*De l'union des correspondances*), lequel va rapidement devenir très célèbre et sera désormais considéré comme le premier texte alchimiste au monde.

De son côté, Ko Hung entreprend de réaliser une synthèse des différents courants du taoïsme et écrit un texte encyclopédique intitulé *Pao-p'u-tzu*, dont la caractéristique majeure est d'être quasi entièrement consacré à l'art de devenir un *Hsien* (Immortel).

C'est également l'époque à laquelle apparaît une nouvelle doctrine taoïste intitulée le *Joyau magique*. Elle va rapidement trouver les faveurs du public et supplantera bientôt *l'école des Divinités intérieures*.

La moitié du IIe siècle marque l'époque à laquelle la divinisation de Lao zi (en 165) sous le titre de *Taishang Lao jun* (« le très haut seigneur Lao ») s'affirme avec le plus de force dans les mentalités comme dans la pratique du taoïsme religieux.

Néanmoins, parce qu'ils dérangent et sont taxés d'anticonformisme, les taoïstes ne tardent pas à avoir maille à partir avec le pouvoir. L'un des premiers exemples de ce type se situe en 184, lorsque les *Turbans jaunes* se révoltent contre le gouvernement de la dynastie des Han jugée décadente. Vénérant un dieu jaune en l'honneur duquel ils portent un turban de cette couleur (qui leur vaut leur surnom), ces taoïstes prônent la venue prochaine d'une nouvelle ère, appelée *Taiping* (Grande Paix). De fait, il s'agit là de la première doctrine millénariste.

C'est vers la fin du siècle qu'apparaît dans les milieux populaires du Sichuan le texte de référence intitulé *Lao zi bianhua jing* (*Livre de transformation de Lao zi*), qui fait de Lao zi un dieu à part entière et par son exploitation populaire va marquer l'avènement du taoïsme collectif.

À partir de 190 la doctrine des *Cinq Boisseaux* sert de transition entre la fin des Han et les futurs maîtres politiques de la Chine. Sous la direction de Zhang Lu, les Maîtres Célestes attirent de nombreux adeptes et instaurent la première forme véritablement organisée du taoïsme dans la société chinoise. Cette orientation continuera à exister jusqu'au XXe siècle sous l'égide de maîtres étant tous des descendants héréditaires des fondateurs.

Lorsque débute le IIIe siècle, l'ordre impérial vacille. La Chine du Nord subit les assauts conquérants de tribus originaires d'Asie centrale. Ces dernières apportent avec elles un élément qui va se montrer déterminant pour l'avenir du taoïsme : il s'agit du bouddhisme, qui depuis longtemps déjà essayait de se frayer un chemin dans les coutumes chinoises.

Le bouddhisme répond lui aussi à certaines préoccupations du peuple chinois, notamment pour ce qui concerne l'hygiène du corps ; il trouve un écho très favorable à sa diffusion dans la société chinoise, se démarquant très vite de la religion locale.

En réaction à cette percée bouddhiste, les écrits taoïstes fleurissent de toutes parts, comme pour défendre pied à pied les acquis durement gagnés au fil des siècles précédents. Une concurrence acharnée s'engage entre les volumes prêchant la parole du Bouddha et ceux vantant les mérites du Tao.

En 317, tout le nord de la Chine est désormais sous domination étrangère. Le taoïsme n'en conserve pas moins son statut de religion nationale. Sous l'impulsion des Maîtres Célestes réfugiés du Nord, un nouveau courant taoïste voir le jour, sous le nom d'*école de Mao-chan*.

La seconde moitié de ce siècle est surtout marquée par l'émergence d'un autre courant, le *Shangqing*, que l'on doit à des révélations divines recueillies et écrites par Yang Xi entre 364 et 370. Certains des esprits apparus au Chinois sont des immortels légendaires, qui vont contribuer à donner au Sud une chance de revanche sur le Nord, qui jusqu'alors a largement influencé le devenir du taoïsme en Chine.

Le *Shangqing* place son Ciel, dit de la « Haute Pureté », plus haut que toutes les conceptions précédentes, ce qui le rend d'emblée plus éminent et donc plus respectable. Son originalité tient aussi à l'avantage prépondérant qu'il accorde désormais, au cœur du taoïsme, à l'intériorisation et à la méditation (essentiellement visuelle), reléguant sur un plan secondaire les exercices physiologiques et autres usages de drogues ou de plantes, ainsi qu'un certain nombre de pratiques alchimiques. Tant et si bien que le nouveau courant a tôt fait de se répandre dans les milieux aristocratiques du Sud et de prendre rapidement de l'ampleur sous l'influence de brillants théoriciens tel Tao Hongjing[1].

À partir de l'année 424, une nouvelle orientation se dessine pour les Maîtres Célestes. Considérant que la famillc T'ien-shih (Chang) exerce une influence néfaste sur le taoïsme, K'ou Ch'ien-Chih[2] – plus connu sous le surnom de Kou Qianzhi – entreprend une réforme et prône le retour à une morale sans faille. C'est ainsi qu'il fonde la *Voie septentrionale des Maîtres célestes*. Durant plus de vingt ans (jusqu'en 448), il va trouver un appui inconditionnel en la personne de Cui Hao, ministre de la dynastie Wei, qui non seulement le fait nommer Maître Céleste mais obtient également du pouvoir que son nouveau Code, le *Laojun yinsong jiejing*, soit promulgué dans tout l'empire.

Les T'ien-shih ne restent pas sans réaction face à ce mouvement contestataire : par le biais de Lu Hsiu-ching, ils fondent à leur tour un nouveau courant, nommé *Voie méridionale des Maîtres célestes*.

Alors que les dynasties se succèdent, des Tsin aux Souei, la tendance conduit à faire du taoïsme, plus que jamais, une religion nationale résultant d'une idéologie de la réunification.

1. Tao Hongjing (456-536).

2. K'ou Ch'ien-Chih (365-448).

Le VIᵉ siècle marque un tournant incontestable dans l'évolution du taoïsme. La majorité de ses adeptes prend des distances vis-à-vis de l'incessante recherche – à caractère alchimique – d'un « élixir d'Immortalité » externe ; le temps est au retour à une quête tout interne, davantage en rapport avec le principe initial du Tao.

Dans cet esprit, plusieurs pratiques vont bientôt fusionner, notamment sous l'influence de Chang Po-tuan : celle de l'Élixir interne, celle du *Nei-ch'i* (Souffle intérieur) et enfin les prémices du bouddhisme Ch'an.

En 548, dix ans après la mort de K'ou Ch'ien-Chih, la communauté taoïste de la capitale est violemment dispersée. Le texte de K'ou Ch'ien-Chih est cependant conservé, du moins pour les parties qui éliminent des textes primitifs les pratiques sexuelles, les taxes religieuses imposées aux fidèles, la passation héréditaire des fonctions, ou encore les mouvements messianiques, au profit du bon comportement et de règles de comportement très strictes, incluant la copie et la récitation psalmodiée des textes sacrés.

À la fin du VIᵉ siècle, le Canon taoïste reconnaît et adopte tous les philosophes antiques, y compris Confucius.

Dès leur arrivée au pouvoir, les fondateurs de la dynastie Tang (618-907) se proclament les descendants directs de Lao zi. Lors du règne de l'empereur Tang Wu-tsung[3], le taoïsme est enfin reconnu religion d'État. Dès lors, chaque circonscription, si petite soit-elle, doit posséder son temple taoïste.

Paradoxalement, comme pour souligner, s'il en est encore besoin, l'ambiguïté des pouvoirs politiques, c'est également sous la dynastie des Tang que le bouddhisme va atteindre son apogée en Chine.

Ce n'est que plus tard, cependant, sous la dynastie des Song, que les principaux textes taoïstes sont regroupés, compilés et imprimés pour former le *Tao-tchan* (Canon taoïste), qui va per-

3. Tang Wu-tsung (814-846).

mettre dès lors de diffuser les idées taoïstes sur une plus grande échelle, lui conférant de ce fait une réelle notoriété.

La dynastie des Song n'est plus au pouvoir lorsque la *Voie septentrionale* et la *Voie méridionale des Maîtres Célestes* trouvent enfin le moyen de fusionner.

Peu après, sous la dynastie de Yuan, apparaît la *Voie de l'Unité.*

Au VIIIe siècle, selon les sources, le Canon taoïste compte 3 744, 5 700 ou 7 300 volumes.

Peu à peu, le taoïsme est supplanté dans les hautes sphères par le bouddhisme. Mais les rites des Mystères et la liturgie des Maîtres Célestes restent très présents dans les campagnes et dans les profondeurs du pays, traduisant un ancrage très populaire, certains dieux locaux devenant même des saints du taoïsme.

Contre le bouddhisme envahissant, en toute logique, le taoïsme trouve un allié non négligeable dans le confucianisme, considéré alors davantage comme la doctrine des lettrés et de ceux qui ont eu la chance de recevoir une éducation. Cette union de raison va perdurer durant la seconde partie de la dynastie des Tang[4] (se poursuivant ensuite jusqu'au XIe siècle).

Le succès du *Shangqing* ne se dément pas durant le IXe siècle : il reste encore très vivant et considéré comme l'une des meilleures écoles du taoïsme.

Les efforts conjugués du taoïsme et du confucianisme aboutissent enfin et conduisent à la proscription officielle du bouddhisme, entre 842 et 845[5], qui marque la fin de la grande époque bouddhique et annonce le déclin de cette religion non chinoise déjà affaiblie par une corruption notoire.

Le Xe siècle va être marqué par un événement d'une portée considérable : la perte, dans des circonstances mystérieuses, de la quasi-totalité du Canon taoïste.

4. Dynastie des Tang : 618-907.

5. Durant cette période, l'empereur Wu-tsung édicte une série de décrets antibouddhistes. En 845, deux cent soixante mille moines et nonnes bouddhistes sont contraints de revenir à la vie civile. Les trésors artistiques de quatre cent soixante mille monastères sont confisqués.

Pendant ce temps, chassé hors de Chine par l'empereur Wu-tsung, au-delà des frontières le bouddhisme se prépare déjà à revenir en force. Il va le faire par le biais du *Ch'an,* ce zen fortement teinté de mystique chinoise et surtout d'un certain nombre de concepts taoïstes, au nombre desquels la spontanéité et l'enseignement sans parole. Le *Ch'an* s'impose bientôt, auprès du taoïsme et du confucianisme – et pour longtemps –, comme la troisième composante fondamentale de la vie religieuse chinoise.

Néanmoins, plus que jamais le taoïsme apparaît comme la religion du peuple, à partir de laquelle vont désormais se développer le confucianisme et la nouvelle forme du bouddhisme.

Au seuil du deuxième millénaire, exactement en 1010, l'empereur de Chine charge un lettré de reconstituer un Canon taoïste, lequel va bientôt compter jusqu'à 4 359 volumes, pour atteindre finalement le nombre maximum de 4 565 quelques années plus tard.

Le *Shangqing* bénéficie toujours officiellement de l'appui impérial. Ses patriarches continuent à diffuser largement, à classer et à codifier les nombreux textes qui le composent. Son influence ne commencera à s'estomper, pour finalement être supplantée par un retour des Maîtres Célestes, qu'au XIIe siècle.

La nouvelle édition du Canon taoïste, imprimée entre 1111 et 1118, comporte 5 481 volumes. Elle servira désormais de référence à toutes les éditions ultérieures, quand bien même certains textes seront brûlés et définitivement perdus lors d'affrontements entre taoïstes et bouddhistes sous la dynastie Yuan[6].

Les grands philosophes du renouveau du confucianisme, tel Tchou Hi[7], sont des maîtres taoïstes et ne se privent pas d'écrire des commentaires sur les principaux ouvrages relevant du Tao.

En 1167, Wang Ch'un-yang fonde *l'école de la Réalisation de la Vérité*, qui pour la première fois incorpore aux principes taoïstes des éléments issus du confucianisme et du bouddhisme *Ch'an*.

6. Dynastie Yuan : 1260-1367.

7. Tchou Hi (1130-1200).

De nombreuses écoles nouvelles voient le jour, mais finalement, après bien des tentatives, seules deux d'entre elles survivront à l'épreuve du temps, à savoir les branches du *Ch'üan-chen tao* (*Voie de la réalisation de la Vérité*) et du *Cheng-i tao* (*Voie de l'Unité juste*).

Au début du XIIIe siècle les agressions extérieures se multiplient et secouent durement la Chine. Face aux prérogatives belliqueuses des Tibétains et des Mongols, le taoïsme fait figure de support idéologique ; il incarne un mouvement de réveil culturel, de résistance passive. De toutes parts, les maîtres tentent de convaincre les envahisseurs de les « siniser ».

En 1222, dans une Chine occupée par les Mongols, le maître K'ieou Tch'ang-tch'ouen propose à Gengis Khan la soumission du pays s'il s'engage à respecter le taoïsme. Contre toute attente, Gengis Khan accepte et l'investit du titre de chef de l'ensemble des religieux chinois, toutes obédiences confondues.

Maîtrisant mal son nouveau pouvoir, le taoïsme fait trop sentir sa pression sur le bouddhisme et le confucianisme. Ces derniers s'unissent pour réagir et concoctent une vengeance commune, qui se concrétise en 1288 par un acte d'une gravité exceptionnelle et totalement irréparable : les milliers de livres du Canon taoïste sont brûlés dans leur totalité, à l'exception du seul *Tao-tö-king*.

Ainsi commence une ère nouvelle pour le taoïsme qui, entrant en résistance, va se réfugier dans l'ombre de sectes plus discrètes, préparant lentement son retour sur la scène nationale, lequel interviendra finalement en 1368, avec l'avènement au pouvoir de Tchou Yuan-tchang, le fondateur de la dynastie Ming[8].

8. Dynastie Ming : 1368-1644.

7.

L'évolution du taoïsme

Qui ne s'écarte pas de sa place vit longtemps
Qui est mort sans être disparu atteint l'immortalité.

Tao-tö-king, XXXIII.

S'il est une chose que l'homme sait faire, par-delà les comportements strictement liés à la survie de l'espèce, qui curieusement le rapprochent de cette animalité dont il claironne haut et fort qu'il est sorti depuis si longtemps, c'est apprendre.

Non pas avec des mots ou pour développer sa mémoire, dans une quelconque école du savoir, mais plus simplement avec son vécu. Et là aussi, curieusement, à l'image de tout ce qui porte la vie et n'a pas le langage comme avantage, en fin de compte il est question de survie… et d'Histoire.

Bien plus que par ses paroles, c'est par les faits que l'homme grandit. C'est aussi par eux qu'il apprend, qu'il se pose, qu'il trouve sa place, qu'il impose son identité. Il en va de même de ses idées ; certaines jaillissent puis retombent, d'autres se fondent dans la normalité ambiante ; quelques-unes émergent lentement et cherchent patiemment un chemin pour s'affirmer seulement bien des années plus tard, mais avec cette force de l'évidence qui bouscule tous les obstacles.

Le taoïsme est de celles-là. Au fil du temps, siècle après siècle, bien mieux que marteler froidement des certitudes, il a su mettre en lumière un chemin de révélation que des millions de personnes, au fil des générations, ont emprunté avec au cœur le soulagement et la quiétude de la délivrance.

S'il a parfois dû imposer sa présence face à d'autres courants de pensée tentant de l'éradiquer, le taoïsme n'est jamais sorti de son propre cadre, de sa dynamique particulière, s'en tenant en toute occasion à la ligne de sa fonction première. Comment aurait-il pu le faire, d'ailleurs, si l'on s'en tient aux fondements du Tao, qu'il n'a cessé d'affirmer et de développer ?

C'est dans cette constance, cette patience non seulement séculaire mais millénaire, qu'il faut chercher la perpétuation, qu'il faut voir la force, qu'il faut entendre l'évidence de la pensée taoïste. Trop de heurts politiques, de ravages ethniques, de rivalités diplomatiques, de luttes intestines sont intervenus, ont déchiré les provinces de la Chine depuis toujours, avec une violence parfois inouïe, pour que le taoïsme ait pu y survivre s'il n'avait été réellement investi de l'essentiel.

Car c'est bien là, en fin de compte, que se trouve la clef donnant un sens à ce courant de pensée qui ne ressemble à aucun autre. À la fois dans ce raccordement à la source même du monde et dans l'identification profonde de l'homme avec l'univers.

Ce que prêche le taoïsme, c'est que l'homme lui-même « est » l'univers, que la force n'est pas à l'extérieur mais à l'intérieur de lui. Il ne fait que réaffirmer, siècle après siècle, que la vérité est en l'homme et non pas dans tout ce que les marchands de la matérialité essaient de lui vendre avec un sordide intérêt.

Et c'est justement un autre enseignement majeur du taoïsme que de saisir le sens profond de ce rapport entre l'homme-microcosme et l'univers-macrocosme : s'il possède véritablement l'essence divine en lui-même, l'homme se révèle – se réveille ! – autonome.

Il peut dès lors conduire sa vie et construire son monde à sa manière, sans plus avoir à se référer à qui que ce soit ou à une quelconque idéologie. Ce qui, par voie de conséquence, ne peut que contrarier ceux qui auraient des velléités d'asservissement…

L'homme révélé, libéré du poids des mots et des idées, des contraintes idéologiques, accède enfin au Tao, retourne au cœur de l'essentiel et reprend sa trajectoire en main. C'est pour cela que l'on a beaucoup combattu le taoïsme. C'est aussi pour cette raison qu'il ne peut disparaître.

Le taoïsme et la pensée occidentale

La découverte des Amériques à la fin du XVe siècle, puis les expansions colonialistes des principaux pays européens dans les trois siècles suivants ont façonné un monde nouveau, aux repères venus d'Occident.

Ensuite, ce furent les réformes « mécaniques » de la révolution industrielle de la fin du XVIIIe et du XIXe siècle, qui donnèrent un nouveau coup d'accélérateur à la vieille Europe, la propulsant dans l'ère d'une modernité galopante se donnant en exemple au reste de la planète.

Après quoi le relais fut pris par l'Amérique du Nord, en une formidable expansion imposant rapidement ses règles économiques à des partenaires – mais aussi à nombre d'adversaires – ayant du mal à suivre son rythme de progression effréné.

Depuis la dynastie Song[1] en Chine, avec notamment le fort développement des cités marchandes, toutes les corporations, tous les saints patrons ont été acquis au taoïsme. La religion chinoise est alors devenue en quelque sorte le dénominateur commun de la vie à l'échelon local. En fait, le taoïsme est quasiment devenu un « syncrétisme », la réunion des trois courants religieux les plus importants du pays, à savoir le confucianisme, le bouddhisme et le taoïsme lui-même. Il faut également y voir un moyen de lutter contre l'invasion des nouvelles religions et des idéologies étrangères venues

1. Dynastie Song : 960-1279.

d'Occident, qui depuis l'intrusion des missionnaires européens ont toujours tenté de pénétrer en Chine et de s'y implanter :

En tout temps, le taoïsme a dû se définir par rapport à des institutions qui se trouvaient être plus puissantes politiquement (la féodalité, l'empire, l'État moderne) ou religieusement (le bouddhisme). C'est le signe, chez lui, d'un certain manque d'autonomie en même temps que d'une certaine osmose avec la société chinoise profonde. [...] Il est étonnant de constater que cette religion, même de nos jours, se garde de se définir ; elle semble évidente à tout Chinois du peuple et à jamais insaisissable aux autres. On peut même dire que c'est l'absence de définition de soi-même *qui constitue une de ses caractéristiques fondamentales.*[2]

Le taoïsme en Chine au XXe siècle

À partir de la révolution de 1911, bien des choses changent en Chine du seul point de vue de la religion. En d'autres termes, tout ce qui n'est pas défini dans un cadre précis par le pouvoir politique, par l'État, est ouvertement considéré comme un fatras de superstitions et combattu comme tel.

Alors qu'avant 1911 chaque maison avait son autel, chaque village et chaque bourg son temple, chaque quartier urbain son temple communautaire, aussi humble fût-il, brusquement tout est remis en question... comme s'il suffisait d'un coup de baguette magique pour rayer d'un trait les acquis et les racines d'une religion populaire existant depuis des millénaires.

Cette rupture marque une accentuation de la séparation entre l'État et les religions chinoises, au premier rang desquelles le taoïsme est une de celles qui a le plus à souffrir de ce nouvel

2. Kristofer Schipper, « Comment une religion se définit elle-même : le taoïsme », in *Le Grand Atlas des religions*, Encyclopaedia Universalis, 1988.

état de fait. Ainsi que le précise fort justement Isabelle Ang, *[...] jamais sans doute l'entreprise de démolition radicale des sanctuaires taoïstes [...] du pays n'avait été aussi loin. Certes au XIXe siècle déjà, la révolte des Taiping, conduite par un Chinois converti au christianisme, avait détruit de nombreux temples sous le prétexte de combattre la « superstition » ; mais après 1911, le saccage reprit de plus belle, pour connaître un paroxysme pendant la révolution culturelle*[3].

L'article 36 de la Constitution chinoise de 1982 stipule que *[...] les citoyens de la république populaire de Chine jouissent de la liberté de croyance religieuse [...]. L'État protège les activités religieuses normales. Personne ne peut utiliser la religion pour entreprendre des activités qui dérangent l'ordre public, atteignent la santé des citoyens ou interviennent dans le système éducatif de l'État.*

Il est précisé par ailleurs, dans différentes déclarations officielles, que *par religion nous nous référons principalement au protestantisme, à l'islam, au bouddhisme et aux autres croyances qui ont une longue histoire et une grande influence parmi les peuples de nombreux pays [...]. Par superstitions féodales, nous entendons la sorcellerie, la magie, la divination, la chiromancie, la phrénologie, etc.*

En résumé, tout ce qui dérange, est jugé anormal ou incontrôlable, se voit exclu et ne saurait obtenir d'accord officiel. Cela revient à rétablir les interdits mis en vigueur par le tristement célèbre « code des Ming » à la fin du XIVe siècle qui *interdisait la pratique cultuelle et les coutumes courantes*, et fut en grande partie à l'origine de la séparation de l'État et de la religion en Chine.

C'est l'une des utopies de l'État chinois moderne – et non des moindres – que d'avoir cru qu'il suffisait de promulguer des

3. Isabelle Ang, « La religion en Chine après la révolution culturelle », in *Le Grand Atlas des religions*, Encyclopaedia Universalis, 1988.

édits pour faire disparaître une réalité qui de tout temps s'exprime dans la vie quotidienne d'un peuple.

Par chance, le besoin de reconnaissance internationale et d'appuis diplomatiques aux plus hauts niveaux ont conduit plus récemment la Chine à assouplir sa position en matière de tolérance religieuse, à se montrer digne de l'estime internationale, sur ce plan comme sur d'autres. Cela aboutit, depuis les années 60, au retour d'une politique plus « libérale » se traduisant sur le terrain par la résurgence des pratiques religieuses en toute légalité, la réapparition massive des coutumes et croyances traditionnelles, ainsi que la restauration de nombreux temples et monastères autrefois pillés et incendiés.

Une réelle vocation pour le « rythme intérieur »

Le XXe siècle, avec son spectaculaire développement de la communication et son formidable bond en avant technologique, pour en arriver à une conception mondialiste de l'économie et des échanges, aura été certainement le plus symptomatique du passage à une autre conception, à une autre « organisation » du monde.

Et ce n'est pas le moindre paradoxe que de voir, à l'aube du troisième millénaire, combien la société des hommes – toutes races et tous gouvernements confondus – s'attache à défendre, malgré la richesse de sa diversité, mais aussi la pesanteur de ses disparités, le principe d'une gestion « globale » de la planète.

Tout observateur avisé ne peut que faire le rapprochement entre cette conception moderniste du « tout en un » et cette autre – moins à la mode mais toujours actuelle depuis plus de vingt-cinq siècles ! – de « l'Un en tout » chère au taoïsme.

Durant ces derniers siècles, la Chine a poursuivi son évolution interne, au rythme lent et mesuré de son immensité, au gré des besoins souvent simples et naturels de l'âme chinoise. Il est fréquent de dire qu'en Chine l'existence a une autre épaisseur ; et c'est vrai que les urgences et les impératifs n'y ont pas la même densité qu'en Occident. Il faut sans aucun doute y voir un autre rapport au temps, à l'espace, à la vie comme à la mort. Et dans bien des cas le taoïsme n'y est pas pour rien.

Pour qui s'intéresse à l'histoire de la Chine depuis plus de vingt siècles, il est clair que les soubresauts politiques, malgré toutes les contraintes, les exécutions sommaires, les déportations en masse ou les autodafés publics, n'ont jamais empêché l'âme chinoise de se frayer un chemin dans les croyances qu'elle jugeait les plus en accord avec son essence propre. Nombreuses ont été les révolutions de palais ou de société, les directives officielles, les pressions de tout ordre, mais jamais aucune d'elles n'a pu éradiquer totalement le besoin et la volonté de croire, de se raccorder à l'essence divine qui préside à toute vie, de pratiquer en son for intérieur les rituels les plus intimes d'une foi vibrante.

Aucun gouvernement, aucune idéologie officielle, aucun dirigeant – fût-il charismatique – s'autoproclamant « grand directeur de conscience » ne peut réglementer la foi d'un peuple. Ce que révèlent toutes les prétendues révolutions politiques (la Russie voisine en est un autre exemple) c'est que l'on peut tuer un homme, on n'en supprime pas pour autant ses idées.

Une quête de l'harmonie sans besoin d'expansion

Le taoïsme est désormais ancré profondément dans l'âme chinoise. Plus qu'une simple religion, que quelques idées glanées ici ou là dans des textes sacrés, il en est un élément constitutif à part entière.

C'est avec cette simplicité de l'évidence, cette certitude de toucher à l'essentiel, cette paix de l'esprit que confère l'harmonie intérieure, que le taoïsme a continué à se développer en Chine au fil des siècles.

Il faut y voir aussi, très certainement, la raison pour laquelle il n'a pas fait preuve d'une volonté « exportatrice » : quand bien même il touche à l'essentiel de toute vie humaine, le taoïsme est fortement imprégné de la culture chinoise, d'un lointain passé mythique, d'une tradition scripturale très importante ; à ce titre, on comprend aisément qu'il soit difficilement exportable, et à tout le moins que sa compréhension prête à de multiples interrogations pour des esprits initialement formés à une autre culture.

Cela explique pourquoi le taoïsme, quand bien même son fondement spirituel ne peut être remis en cause, n'a jamais réellement pu – ni même voulu – s'implanter sur d'autres sols (et en d'autres esprits) que chinois.

Et même là, dans ce creuset qui l'a vu naître voici deux mille cinq cents ans, le taoïsme ne se veut ni pressant ni imposant, ni racoleur ni comptabilisateur de ses adeptes. Il « est », tout simplement.

Les statistiques officielles chinoises de 1993 recensaient 3 % de taoïstes dans le pays, contre près de 72 % de bouddhistes ; c'est dire combien le match – si tant est qu'il y en ait jamais eu un – entre ces deux courants de pensée est en apparence clairement à l'avantage des idées du Bouddha. Mais ce serait une erreur de croire que le taoïsme est pour autant dépassé ou totalement minoritaire.

Car de fait, par sa dimension cosmique et sa capacité à tout intégrer, la notion de Tao est également présente dans ce bouddhisme à la chinoise qui s'est répandu dans l'ensemble des provinces du pays. Ce qui revient à dire que les 3 % de taoïstes officiellement recensés ne sont en fait que les plus purs des puristes… et que nombre d'autres sont en réalité comptabilisés dans les différentes mouvances spirituelles et religieuses de la Chine moderne.

Véritable garant du renouveau cosmique, dispensateur d'une compréhension basique des rythmes de la nature, le taoïsme reste très lié à l'esprit communautaire ; par ce biais, il est indéniablement présent dans les campagnes, les villages, dans la succession des fêtes ancestrales, dans le calendrier des travaux des champs. Dans la plupart des cas, il n'y est pas en tant que religion mais comme fondement de l'interprétation du monde, définition de l'univers et de la place de l'homme dans celui-ci.

En réalité, la notion de Tao est à ce point entrée dans la croyance des hommes qu'elle a dépassé le stade du « religieux » pour accéder au rang de constituant naturel de la vie quotidienne.

Alors que l'Occident prône aujourd'hui dans ses modèles quotidiens une véritable course en avant de la société, donc « hors de l'homme », le taoïsme, suivant un tout autre rythme, ramène l'individu au cœur de lui-même, à la recherche de cette quiétude et de cette harmonie, de cette paix intérieure qui selon lui donne tout son sens à la vie.

Telle est l'alternative que le taoïsme propose à l'homme moderne : une voie interne et personnelle, intime et révélatrice, d'éveil et d'illumination, en parfaite opposition avec les schémas « mutants » d'une modernité grisante.

Gageons, au regard des dégâts causés en l'homme par l'accélération artificielle de ses rythmes comme de ses fonctions, que la question mérite d'être posée et la proposition examinée attentivement. L'homme peut-il changer, muter..., ou bien doit-il revenir à sa source première afin de donner un nouvel élan – de l'intérieur – à une civilisation qui visiblement s'essouffle ?

Le taoïsme ne promet rien, ne donne rien, ne garantit rien. Il n'est pas une invitation à « faire », ainsi que le propose la société de consommation occidentale : il est une invitation à « être ». Il permet à chacun de revenir à l'essence de la vie, de retrouver le chemin de son centre. Simplement parce que le Tao est en tout être, en toute chose.

Un « complément harmonisateur »

Le taoïsme a porté à son paroxysme l'écoute intérieure, jusqu'à lui donner une dimension mystique, sans toutefois générer le moindre fascisme ou fanatisme religieux. En cela, intégrant comme naturels les contraires et les éventuels conflits qu'ils génèrent, il a fait plus pour l'homme et sa civilisation que la plupart des courants religieux qui existent aujourd'hui à la surface de la Terre.

Une vision superficielle peut laisser croire qu'il n'est resté que très marginal, à la fois en Chine et dans la plupart des pays asiatiques comme dans le reste du monde ; en fait, il n'en est rien. La réalité, c'est que le taoïsme a su se faire le « complément harmonisateur » de tous les courants de pensée qui l'ont approché, cherchant moins à les déborder qu'à les nourrir de sa propre richesse, de son authentique originalité. Tant et si bien qu'il y a peut-être perdu de son image, mais certainement pas de sa force quant au sens de son action et de son message d'éveil.

Ce n'est d'ailleurs pas un hasard si nombre de Chinois lettrés s'avouent « confucianistes d'un point de vue social » et « taoïstes de l'intérieur ». Plutôt qu'un mouvement religieux ou social revendicatif comme beaucoup d'autres, le taoïsme est d'abord une affaire individuelle. C'est un mode d'existence, à la frontière des puissances naturelles et spirituelles – un mode de réalisation de cet universel qui est en chaque individu.

Une modernité souvent insoupçonnée

Il est certes intéressant de savoir que l'Abbaye des mages de Pékin est aujourd'hui le siège du taoïsme officiel, que l'on trouve un grand nombre de taoïstes sur l'île de Formose, que le soixante-quatrième Maître céleste vit à Taïwan, que l'école Zhengyi a son siège au sud-est de la Chine continentale sur le mont du Dragon et du Tigre, ou encore qu'après des décennies de heurts culturels avec la république populaire de Chine le taoïsme refait surface peu à peu en toute légalité et que ses temples sont reconstruits avec des subventions gouvernementales, que des instituts d'étude du taoïsme sont créés à Pékin, Shanghai, Chengdu ou Taipei, que les Occidentaux sont de plus en plus nombreux à venir en Chine participer aux rites officiels, qu'en France, aux États-Unis ou au Japon les travaux sur le taoïsme se multiplient… mais là n'est pas l'essentiel. Ce qui compte véritablement, c'est que rien n'a changé.

Non pas d'un point de vue social, par chance, mais sur le plan de l'éthique spirituelle définie par les maîtres du Tao il y a de cela de nombreux siècles. Le Tao reste en effet à la source de tout ce qui existe : la notion de l'Un, le rapport de l'Un au multiple, le retour au centre, la place de l'infini, l'importance du « non-agir », le rôle de l'homme dans l'univers et l'univers dans l'homme… tout cela n'a pas bougé d'un iota depuis sa première formulation dans le *Tao-tö-king* ! Tout simplement parce que dans la pensée taoïste ces vérités sont immuables, et à ce titre participent *de facto* à toute expression profane ou religieuse de la vie. Pourquoi le taoïsme chercherait-il à s'imposer dès lors que le Tao est déjà en tout être vivant sur cette planète ?

Il est intéressant de constater qu'en cette fin de XXe siècle de plus en plus d'esprits éclairés, de tous les pays, en viennent à considérer ces notions comme éminemment intéressantes et y découvrent bien souvent une modernité jusque-là insoupçonnée.

Le taoïsme s'exprime désormais selon deux axes majeurs fort éloignés en apparence, mais en réalité parfaitement complémentaires. Il y a d'une part les Maîtres Célestes, qui dans le calme des temples parviennent à la plus haute spiritualité, appliquant à la lettre les rituels les plus anciens, et qui n'en président pas moins, comme autrefois, les cérémonies officielles rythmant la vie des communautés, tels les mariages, les fêtes locales, les funérailles.

Et puis il y a tout ce qui concerne cette alchimie intérieure dont le taoïsme est porteur, se veut le garant, le révélateur. Sa dimension cosmique initiale, qui à la fois perdure et insiste sur la mutation, la transformation permanente de toute chose : *La réalité, qu'elle soit ultime ou extérieure, étant tenue pour inconnaissable, c'est de l'homme dont il est question ; de l'homme et de son monde, de l'homme au monde, et c'est lui qu'il s'agit de « sauver ». [le Tao] ne décrit pas. Il enseigne une façon de voir, de sentir, et une façon de découper et d'accorder les choses entre elles. [...] Sa vérité n'est pas de l'ordre de la description, mais de celui de l'efficacité, de la résonance psychique, et le sens qu'il faut trouver à son langage n'est pas de l'ordre descriptif, mais mystique et religieux, c'est-à-dire opératoire dans la conscience humaine.*[4]

4. Isabelle Robinet, *Histoire du taoïsme, des origines au XIVe siècle.*

Conclusion

L'ouverture sur une autre forme de pensée, le regard sur une autre culture, la plongée dans un état d'esprit qui remonte à la nuit des temps ont été les ingrédients de notre voyage au cœur de la Chine ancienne.

À présent, le temps et l'espace retrouvent leur épaisseur quotidienne ; les images et les sensations lointaines s'estompent. Il pourrait ne rien rester de cette escapade hors de l'habituel et des mœurs d'une fin de siècle qui se cherche. Les générations, les civilisations, les siècles passent et pourtant la quête spirituelle de l'homme reste ce qu'elle a toujours été : une formidable respiration de l'esprit dans l'imbroglio des impératifs matériels qui nous contraignent jour après jour.

Notre voyage à la rencontre du taoïsme pourrait ressembler à nombre d'autres tentatives pour comprendre comment les hommes ont peu à peu grandi dans leur tête avant de façonner leur monde et leur planète. Mais force est de reconnaître, en définitive, qu'il y a « autre chose »..., que cette découverte est en réalité bien différente.

L'observation de la nature et la notion d'hygiène spirituelle y tiennent un rôle tellement fort et présent que l'on ne sort pas indemne de ce contact.

Quand il affirme son aversion pour la lutte et la violence, quand il ridiculise les dirigeants avides de pouvoir et prône le non-agir, quand il s'oppose au conventionnel, qu'il milite pour le laisser-faire en toute chose, lorsqu'il défend en toutes circonstances le respect de l'autre, de son identité et de sa différence qu'il se refuse à vouloir changer, le taoïsme est bien plus qu'une simple forme de pensée, qu'un mouvement spirituel parmi tant d'autres. En parfaite expression du Tao, il est à la source de toute chose.

Incidemment et en toute objectivité, sans en avoir l'air, au gré de ses maximes et de ses aphorismes dépouillés d'artifices, le taoïsme nous conduit inévitablement à reconsidérer, à repenser la globalité des concepts qui aujourd'hui gèrent et valident notre existence.

À la lumière de sa vision du monde, la tradition, le progrès, le développement – de l'homme comme de la société –, prennent un autre sens. À la méditation et aux techniques de « Longue Vie » s'ajoutent bien sûr toutes les pratiques concernant la médecine ou les facultés paranormales, mais ce qui transparaît surtout de cette approche singulière de l'univers, c'est la capacité pour tout individu de gérer son propre destin, de revenir à la source de son être le plus intime.

C'est en cela, en cette invitation à l'autonomie totale, que le taoïsme franchit le cap des croyances simplement religieuses pour accéder véritablement à une dimension cosmique, où l'homme retrouve enfin un rôle prépondérant au cœur de cet univers qui est identique au-dedans comme au-dehors de lui-même.

Sources

BLOFELD J., *Le Taoïsme vivant*, éd. Albin Michel, coll. « Spiritualités vivantes », 1994.

COOPER J.-C., *La Philosophie du tao,* éd. Dangles, coll. « Horizons spirituels », 1977.

GRENIER J., *L'Esprit du tao*, éd. Flammarion, coll. « Champs », 1973.

GUÉNON R., *Aperçus sur l'ésotérisme islamique et le Taoïsme*, éd. Gallimard, coll. « Tradition », 1973.

KALTENMARK K., *Lao tseu et le taoïsme*, éd. du Seuil, coll. « Maîtres spirituels », 1965.

KIA-HWAY L. et GRYNPAS B., *Philosophes taoïstes*, éd. Gallimard, « Bibliothèque de la Pléiade », 1980.

KIELCE A., *Le Sens du tao*, éd. du Mail, 1991.

ROBINET I., *Histoire du taoïsme des origines au* XIVe *siècle*, éd. du Cerf, coll. « Patrimoines », 1991.

ROBINET I., *Lao zi et le Tao*, Bayard Éditions, coll. « L'Aventure intérieure », 1996.

SCHAFER E. H., *La Chine ancienne*, Time-Life Books, coll. « Les grandes époques de l'homme », Amsterdam, 1980.

SCHIPPER K., *Le Corps taoïste*, éd. Fayard, coll. « L'Espace intérieur », 1982.

Dictionnaire de la sagesse orientale, éd. Robert Laffont, coll. « Bouquins », 1989.

Le Grand Atlas des religions, Encyclopaedia Universalis, 1988.

Table des matières

DEUXIÈME PARTIE : LA DOCTRINE

TROISIÈME PARTIE : L'IMPACT DU TAOÏSME

Achevé d'imprimer
en mars 1998
à Milan, Italie, sur les presses
de Grafiche Milani

Dépôt légal : mars 1998
Numéro d'éditeur : 5333